新闻出版实用知识丛书

出版物发行

"新闻出版实用知识丛书"编委会 / 主编

西南师范大学出版社
国家一级出版社 全国百佳图书出版单位

图书在版编目(CIP)数据

出版物发行／"新闻出版实用知识丛书"编委会主编． — 重庆：西南师范大学出版社，2017.11
（新闻出版实用知识丛书）
ISBN 978-7-5621-9030-1

Ⅰ.①出… Ⅱ.①新… Ⅲ.①出版发行－问题解答 Ⅳ.①G235-44

中国版本图书馆 CIP 数据核字(2017)第 276884 号

出 版 物 发 行
CHUBANWU FAXING

"新闻出版实用知识丛书"编委会　主编

责任编辑：秦俭
封面设计：闰江文化
排　　版：重庆大雅数码印刷有限公司·夏洁
出版发行：西南师范大学出版社
　　　　　地址：重庆市北碚区天生路2号
　　　　　网址:http://www.xscbs.com
　　　　　邮编：400715　电话：023-68868624
印　刷　者：重庆共创印务有限公司
开　　本：720mm×1030mm　1/16
印　　张：14
字　　数：175千字
版　　次：2017年12月　第1版
印　　次：2017年12月　第1次印刷
书　　号：ISBN 978-7-5621-9030-1
定　　价：42.00元

总序

党的十八大提出了全面建成小康社会和文化强国建设的目标。在全面建成小康社会和建设文化强国的进程中,新闻出版业将继续承担重要任务,扮演重要角色。

近年来,新闻出版业转型升级和融合发展对新闻出版从业技术人才队伍建设提出了更高的要求,新闻出版行业人才队伍素质的基础性、战略性、决定性作用将更加突显,这也成为新闻出版人才培养和成长的大好时机。《国民经济和社会发展第十三个五年规划纲要》明确指出:人才是"支撑发展的第一资源",人才就是生产力,要加快建设人才强国。国家将推动新闻出版名家工程、新闻出版行业领军人才工程、数字出版千人计划、版权专业人才培养计划、经营管理人才素质提升工程、国际化外向型人才培养工程、民文出版人才支持计划、高技能人才培养工程、新闻出版新型智库建设等与国家规划重大人才工程相对应的重点人才建设工程,通过项目培养人才,参加人才发展,落实人才发展优先战略,一批复合型经营管理人才、数字出版人才、现代行政管理人才将不断地涌现出来。

不积跬步无以至千里。新闻出版人才队伍建设是一项长期性的基础工作。近年来,重庆市文化委员会一直在人才队伍、行业培训方面做着积极且有益的探索,配套出台了一系列政策,以重庆市出版工作者协会为枢纽,邀请业内相关专家,以定期开展讲座的形式,对全市新闻出版从业人员进行集中培训,为广大新闻出版一线工作者提供相互交流的机会,取得了良好的效果,为重庆新闻出版人才队伍建设做出了积极的贡献。

为帮助从业人员掌握行业知识、业务要求及流程,社会大众了解行业相关标准规范和国家相关政策,提升新闻出版行业的服务与管理水平,在重庆市文化委员会的大力支持下,由重庆市出版工作者协会牵头,聚集业内相关专家学者、行业管理人员等,组织编写一套可供新闻出版从业人员、社会大众和新闻出版管理人员学习、运用的实用性知识技能丛书——"新闻出版实用知识丛书",这是重庆新闻出版人对出版认识的理性积累和宝贵经验的总结。

"新闻出版实用知识丛书"不是一套新闻出版专业技术人员职业资格考试辅导教材,而更多的是一套面向新闻出版行业,为从业者与行业管理者终身学习服务的工具书。它的出版对进一步推动我市乃至全国新闻出版专业技术人员的政治、业务学习和加强新闻出版人才队伍建设将发挥积极的作用。

丛书涵盖面广,分为《图书出版》《数字出版》《音像电子出版》《著作权与版权贸易》《出版物印刷》《出版物发行》《报刊出版》7册,每册力求做到密切结合新闻出版工作实际,注重突出基础知识、基本技能。丛书的编写融出版行业相关国家政策、行政管理法规、出版各环节实际操作于一体,有较强的实际操作性。丛书采用针对性更强的一问一答的形式进行编写,一看就会,一学就懂,使丛书面向更广的读者群体。

丛书的内容重在从业人员必须掌握的新闻出版行业法律法规、从业的基本知识和基本技能;丛书的编写也更加突出工作中应掌握的相关知识、从业者希望了解的知识和服务机构经常被咨询与受理的疑难问题。简言之,丛书内容既有从业人员必须掌握的知识和技能,也有管理部门应告知服务对象的相关政策,是新闻出版行政管理人员、出版专业技术人员的常备工具书。

丛书内容繁多,尽管我们尽量吸收了目前最新的政策法规、吸纳了行业同志的意见和建议,但部分内容特别是一些政策法规会在改革中不断变化,加之编者水平有限,书中的错漏不足之处难免,还望读者批评指正。

重庆市出版工作者协会

前言 FOREWORD

出版物是人类思想、知识和信息的重要载体，承担着记载、传播、积累人们在生产生活和社会活动中形成的各种思想和科学文化知识的重要功能，是人们沟通历史与未来、联系自我与社会的主要桥梁。

出版物发行是出版物最终通过商品交换形式提供给消费者阅读使用的关键环节，履行着传播科学文化知识、弘扬民族优秀文化、促进国际文化交流、丰富人民群众精神生活的重要职责。做好出版物发行工作，不仅要求发行工作者具备较高的政治思想素质和职业道德水平，同时，还要求发行工作者具备很强的发行业务技能。随着经济社会的飞速发展和人民群众不断增长的文化消费需要，出版物发行单位面临的市场竞争日趋激烈，日新月异的传播媒介更是对传统的出版物发行提出了巨大挑战。

为让广大出版物发行工作者更为方便快捷地了解和掌握出版物发行相关知识，更好地应对竞争和挑战，更好地服务人民群众，我们组织编写了这本《出版物发行》。本书以一问一答的形式，系统简要地介绍了出版物发行涉及的相关知识和技能，希望能为出版物发行从业人员提高业务技能、行业管理者加强管理、人民群众了解出版物发行工作提供有益的参考。

尽管对此书的编写我们尽了最大的努力，但由于水平有限，错误、不足之处在所难免。在此，恳请广大读者朋友多提宝贵意见，以便我们及时修订和改进。

编　者
2017 年 5 月

目录 CONTENTS

第一部分 出版物

一、出版物 / 1

1. 什么是出版物？ / 1
2. 什么是正式出版物？ / 2
3. 什么是内部发行出版物？ / 2
4. 什么是内部资料性出版物？ / 2
5. 什么是多卷出版物？ / 2
6. 什么是系列出版物？ / 3
7. 什么是连续出版物？ / 3
8. 什么是专题出版物？ / 3
9. 什么是非法出版物？ / 3
10. 什么是淫秽出版物？ / 3
11. 什么是违禁出版物？ / 4
12. 什么是伪书？ / 4
13. 什么是盗版？ / 5

二、图书 / 5

1. 什么是图书？ / 5

2.什么是大众类图书？/ 5

3.什么是一般图书？/ 6

4.什么是专业类图书？/ 6

5.什么是普及读物？/ 6

6.什么是学术著作？/ 6

7.什么是教育类图书？/ 6

8.什么是教材？/ 7

9.什么是平装书？/ 7

10.什么是精装书？/ 7

11.什么是豪华本？/ 8

12.什么是线装书？/ 8

13.什么是畅销书？/ 8

14.什么是常销书？/ 8

15.什么是长销书？/ 9

16.什么是滞销书？/ 9

17.什么是残破书？/ 9

18.什么是特价书？/ 9

19.什么是常备书？/ 9

20.什么是库存书？/ 9

21.什么是样书？/ 10

22.什么是开本？/ 10

23.什么是印张？/ 10

三、报刊 / 11

1.什么是报纸？/ 11

2.什么是副刊？/ 11

3.什么是号外？/ 11

4.什么是机关报（刊）？/ 12

5.什么是期刊？ / 12

6.什么是增刊？ / 12

7.什么是专刊？ / 12

8.什么是丛刊？ / 12

9.什么是学报？ / 12

10.什么是创刊号？ / 12

11.什么是邮发报刊？ / 12

12.什么是期刊合订本？ / 13

13.什么是期刊精华本？ / 13

四、音像制品及电子出版物 / 13

1.什么是音像出版物（音像制品）？ / 13

2.什么是录音带？ / 13

3.什么是激光唱盘？ / 14

4.什么是录像带？ / 14

5.什么是数码激光视盘？ / 14

6.什么是高密度激光视盘？ / 14

7.什么是电子出版物？ / 14

8.什么是只读光盘？ / 15

9.什么是交互式光盘？ / 15

10.什么是多媒体电子出版物？ / 15

11.什么是磁盘？ / 15

12.什么是集成电路卡？ / 15

13.什么是照片光盘？ / 16

14.什么是网络出版物？ / 16

15.什么是网络游戏？ / 16

16.什么是有声读物？ / 16

五、出版物版印 / 16

1. 什么是版本？ / 16
2. 什么是版次？ / 17
3. 什么是修订版？ / 17
4. 什么是增订版？ / 17
5. 什么是增补版？ / 17
6. 什么是限量版？ / 17
7. 什么是印次？ / 17
8. 什么是重印书？ / 17
9. 什么是再版书？ / 18
10. 什么是绝版书？ / 18
11. 什么是影印本？ / 18

第二部分　出版物发行业务术语与出版物分类

一、出版物发行业务术语 / 19

1. 什么是出版物发行？ / 19
2. 什么是公开发行？ / 19
3. 什么是内部发行？ / 19
4. 什么是自办发行？ / 20
5. 什么是系统发行？ / 20
6. 什么是发行渠道？ / 20
7. 什么是征订？ / 20
8. 什么是包销？ / 21
9. 什么是征订包销？ / 21
10. 什么是征订经销？ / 21
11. 什么是特约经销？ / 22

12.什么是经销包退？ / 22

13.什么是寄销？ / 22

14.什么是批发？ / 23

15.什么是零售？ / 23

16.什么是出租？ / 24

17.什么是展销？ / 24

18.什么是发行折扣？ / 24

19.什么是订货？ / 25

20.什么是订单？ / 25

21.什么是目录（书目）？ / 25

22.什么是征订书目？ / 25

23.什么是脱销？ / 25

24.什么是滞销？ / 26

25.什么是积压？ / 26

26.什么是退货？ / 26

27.什么是流动销售？ / 26

28.什么是图书展销？ / 26

二、出版物分类 / 27

1.什么是出版物分类？ / 27

2.出版物分类有哪些方法？ / 27

3.什么是《中国图书馆分类法》？ / 28

4.《中国图书馆分类法》对图书是如何分类的？ / 28

5.什么是部类？ / 28

6.什么是一级类目？ / 29

7.什么是二级类目？ / 29

8.部类、一级类目和二级类目是什么关系？ / 30

9.什么是《中国科学院图书馆图书分类法》？ / 30

10.《中国科学院图书馆图书分类法》是如何分类的？ / 30

11.什么是《中国人民大学图书馆图书分类法》？ / 31

12.《中国人民大学图书馆图书分类法》是如何分类的？ / 32

13.什么是《营销分类法》？ / 33

14.《营销分类法》是如何分类的？ / 33

15.什么是农家书屋图书分类法？ / 35

16.农家书屋图书是如何分类的？ / 35

17.什么是马克（MARC）数据？ / 36

18.什么是中国机读目录（CN-MARC）？ / 36

19.综合卖场出版物如何分类？ / 37

20.专业卖场出版物如何分类？ / 37

21.零售卖场出版物如何分类？ / 38

22.书报刊亭出版物如何分类？ / 38

23.流动销售的出版物如何分类？ / 39

24.什么是出版物发行分类标识？ / 39

25.出版物发行分类标识的区分有哪些？ / 39

第三部分 出版物发行人员和发行企业

一、出版物发行人员 / 40

1.对发行人员有哪些基本要求？ / 40

2.发行员仪表形象有哪些要求？ / 40

3.什么是接待礼仪？ / 41

4.接待礼仪有哪些基本内容？ / 41

5.什么是形体动作？ / 42

6.发行员形体动作有哪些规范要求？ / 42

7.出版物发行服务用语大致有哪些？ / 42

8.出版物发行服务禁忌用语大致有哪些？ / 44

9.营业前应做好哪些服务准备？ / 44

10.营业过程中的接待有哪些技巧？ / 45

11.营业结束时有哪些接待技巧？ / 46

12.门市（店堂）服务应重点注意些什么？ / 46

13.摊亭服务应注意些什么？ / 47

14.流动服务应注意些什么？ / 47

15.开架销售服务应注意些什么？ / 48

16.如何了解消费者需求？ / 49

17.如何做好导购服务？ / 51

18.如何做好咨询服务？ / 51

19.推介出版物重点要做好哪些工作？ / 52

20.如何开展出版物预订？ / 53

21.如何进行缺货代办？ / 53

22.如何做好配套供应？ / 54

23.如何对待摘抄资料的消费者？ / 54

24.如何发展基本消费者？ / 54

二、出版物发行企业 / 55

1.出版物发行企业有哪些种类？ / 55

2.什么是出版物批发企业？ / 55

3.什么是出版物零售企业？ / 55

4.设立出版物批发企业需要哪些条件？ / 55

5.申请从事出版物批发业务需要提交哪些申请材料？ / 56

6.设立出版物零售企业需要哪些条件？ / 56

7.申请从事出版物零售业务需要提交哪些申请材料？ / 57

8.设立外商投资出版物发行企业需要哪些条件？ / 57

9. 设立从事出版物发行的书友会、读者俱乐部或者其他类似组织需要哪些条件？／57

10. 设立出版物临时销售点有哪些要求？／57

11. 出版物发行单位设立不具备法人资格的发行分支机构需要哪些条件？／58

12. 变更出版物经营许可证登记事项应履行哪些手续？／58

13. 终止出版物经营活动应履行哪些手续？／59

第四部分　出版物进货、储运和管理

一、出版物进货／60

1. 购进出版物一般要注意把握哪些原则？／60
2. 如何尽可能减少进货工作失误？／61
3. 供货渠道有哪些类型？／61
4. 出版物进货的主要渠道有哪些？／62
5. 选择供货渠道的方法有哪些？／63
6. 如何做好集中进货管理？／63
7. 分散进货一般采取哪些形式？／64
8. 单店进货一般采取哪些形式？／65
9. 进货需要把握的基本要领有哪些？／65
10. 进货的基本流程有哪些？／66
11. 如何收集进货信息？／67
12. 如何制定进货计划？／68
13. 出版物订货方式有哪些？／70
14. 如何洽谈进货业务？／71

二、出版物储运／73

1. 如何收货？／73

2.如何处理收货中出现的问题？ / 73

3.如何退货？ / 74

4.如何处理退货中出现的问题？ / 74

5.怎样做好出版物入库工作？ / 75

6.如何码放管理库存出版物？ / 75

7.如何分发待运出版物？ / 76

8.拣配出版物的主要方法有哪些？ / 77

9.如何复核拣配打包的出版物？ / 77

10.储运出版物应如何包装？ / 78

11.如何调剂出版物？ / 79

12.如何更换问题出版物？ / 79

13.停售出版物如何封存？ / 80

14.如何处理报废出版物？ / 80

15.如何处理残次出版物？ / 80

三、出版物管理 / 81

1.如何做好出版物仓储管理？ / 81

2.周转仓出版物如何管理？ / 81

3.备货仓出版物如何管理？ / 82

4.如何运用账卡管理出版物？ / 83

5.出版物物流管理信息系统需要具备哪些功能？ / 83

6.出版物物流管理信息系统基本查询功能有哪些？ / 84

7.如何按类别分析出版物库存总量？ / 85

8.如何按品种分析出版物库存总量？ / 85

9.如何按库存周转次数分析出版物库存总量？ / 86

10.如何按出版或印刷年限分析出版物库存总量？ / 86

11.如何做好库存出版物盘存清库？ / 86

12.造成盘存账实不符的原因有哪些？ / 88

第五部分　出版物陈列、销售

一、出版物陈列 / 89

1. 出版物发行分类陈列有哪些方法？ / 89
2. 如何分类和陈列同类出版物？ / 90
3. 如何陈列出版物跨类品种？ / 90
4. 出版物陈列的基本原则是什么？ / 91
5. 如何陈列不同形态的出版物？ / 92
6. 如何在书架上陈列出版物？ / 92
7. 如何在书台上陈列出版物？ / 93
8. 如何在柜台上陈列出版物？ / 94
9. 大开张图片等出版物如何陈列？ / 94
10. 立体码放（书墩）有哪些基本要求？ / 95

二、出版物销售 / 95

1. 门市组织一般有哪些构架？ / 95
2. 如何制订销售计划？ / 97
3. 如何做好岗位管理？ / 97
4. 如何规范门市、卖场、柜组负责人的岗位作业？ / 98
5. 如何规范出版物发行员的岗位作业？ / 99
6. 如何规范收银员的岗位作业？ / 99
7. 如何确认员工个人工作业绩？ / 100
8. 如何拟定进销比例？ / 101
9. 如何拟定进销平衡计划？ / 101
10. 如何进行常备、常销出版物需求总量分析？ / 102
11. 如何做好销售结构变化分析？ / 102
12. 如何做好销售对象增减分析？ / 103

13. 如何做好销售方式运用分析？ / 103

14. 如何开展市场调查？ / 103

15. 如何掌握供求相对平衡？ / 104

16. 如何分析所获取的出版物发行市场经营环境信息？ / 105

17. 如何分析市场机会？ / 106

18. 如何捕捉市场机会？ / 106

19. 如何细分出版物市场？ / 107

20. 如何运用出版物促销推动策略？ / 108

21. 出版物促销方式有哪些？ / 109

22. 如何设计出版物分销渠道？ / 110

23. 如何组织人员推销？ / 111

24. 如何组织促销活动？ / 112

25. POS系统管理进销存业务的功能有哪些？ / 113

26. 进销业务往来有哪些票据？ / 113

27. 如何做好应收账款管理？ / 113

28. 如何处理进销业务信息资料？ / 114

29. 如何做好进销存分类统计和管理？ / 114

30. 如何编制征订目录？ / 115

31. 如何制订年度计划销售指标？ / 115

32. 如何制订库存指标？ / 116

33. 如何制订进货指标？ / 116

34. 如何确定劳动生产率定额？ / 116

35. 如何核定盘亏率？ / 117

36. 如何计算分析年度利润？ / 117

37. 如何处理出版变更？ / 118

38. 如何处理供货脱期？ / 119

39. 如何处理发货差错？ / 119

40. 如何解决出版物质量引起的矛盾和纠纷？ / 120

41.如何解决店堂服务引发的矛盾和纠纷？／120

42.如何解决消费者无理取闹引起的矛盾和纠纷？／121

43.如何避免或减少门市出版物丢失？／121

44.发行企业如何参与出版物展销活动？／122

三、网上书店 / 123

1.什么是网上书店？／123

2.开设网上书店需要哪些条件？／123

3.与实体书店图书销售相比网上图书销售有哪些优势？／123

4.出版物网络销售渠道建设主要有哪些方式？／124

5.国内图书销售电商主要有哪些？／124

6.电商初级运营基础岗位有哪些？／124

7.电商各个岗位考核要点有哪些？／125

8.传统书店拓展电商渠道要注意哪些问题？／125

9.店铺运营需要哪些辅助软件？／126

10.店铺数据分析有哪些关键指标？／126

11.店铺如何进行商品规划？／126

12.线上营销与线下营销各有何优劣？／127

13.新开线上店铺如何获取流量？／127

14.如何解读店铺流量来源？／127

15.如何提升上架商品搜索排名？／128

16.线上店铺手机端装修要点有哪些？／128

17.线上店铺日常营销方式有哪些？／128

18.如何考核售前客服？／128

19.如何考核售后客服？／129

20.客服团队自建好还是外包好？／129

21.客服主要工作职能有哪些？／129

22.什么是CRM系统？ / 129

23.CRM系统针对网店能解决哪些问题？ / 130

第六部分　出版物公共服务及政府采购

一、公共图书馆和基层书屋 / 131

1.什么是公共图书馆？ / 131

2.公共图书馆的主要职能是什么？ / 132

3.我国公共图书馆大致有哪些？ / 133

4.我国公共图书馆发展状况如何？ / 133

5.什么是基层书屋？ / 133

6.公共图书馆和基层书屋出版物采购有哪些方式？ / 133

7.如何做好馆配服务？ / 134

二、政府采购 / 135

1.什么是政府采购？ / 135

2.政府采购有哪些方式？ / 135

3.政府采购有哪些程序？ / 136

4.出版物政府采购有哪些主要特点？ / 137

5.如何获取出版物政府采购信息？ / 137

6.什么是公开招标？ / 138

7.什么是邀请招标？ / 138

8.什么是竞争性谈判？ / 139

9.什么是单一来源采购？ / 140

10.什么是询价采购？ / 140

11.什么是招标？ / 141

12.什么是招标人？ / 141

13.什么是招标代理机构？ / 142

14.什么是标的？ / 143

15.什么是标底？ / 143

16.公开招标公告具体内容有哪些？ / 143

17.邀请招标资格预审公告基本内容有哪些？ / 144

18.什么是招标文件？ / 144

19.招标文件的主要内容有哪些？ / 145

20.什么是投标？ / 146

21.什么是投标人？ / 146

22.法律法规对投标人有哪些具体要求？ / 146

23.什么是投标文件？ / 147

24.开标有哪些法定要求？ / 148

25.评标有哪些法定要求？ / 149

26.中标后如何签定和履行书面合同？ / 150

27.如何确定和收取履约保证金？ / 150

28.政府采购合同包括哪些主要内容？ / 151

29.对政府采购如何质疑和投诉？ / 151

30.投诉处理决定公告应当包括哪些内容？ / 152

第七部分 出版物发行活动管理

一、出版物识别和发行活动规范 / 153

1.如何识别非法图书？ / 153

2.如何识别非法报刊？ / 154

3.如何识别非法音像制品？ / 156

4.如何识别非法电子出版物？ / 157

5.从事出版物发行的单位和个人必须遵守哪些规定？ / 158

6.出版物发行单位年度核验（年检）如何实施？ / 158

二、违法违规发行活动处罚 / 160

1. 规范出版发行活动的业内法规主要有哪些？ / 160
2. 未经批准，擅自设立出版物发行单位，或者擅自从事出版物发行业务的，应受何种处罚？ / 160
3. 发行违禁出版物，应受何种处罚？ / 160
4. 发行侵犯他人著作权或者专有出版权的出版物，应受何种处罚？ / 161
5. 出版物发行单位未依照规定办理变更审批手续，应受何种处罚？ / 162
6. 被吊销出版物经营许可证，其法定代表人或主要负责人将受到何种处罚？ / 162
7. 不能提供近两年出版物发行进销货清单等有关非财务票据或者清单、票据未按规定载明有关内容的，应受何种处罚？ / 162
8. 超出新闻出版行政主管部门核准的经营范围经营，应受何种处罚？ / 162
9. 张贴、散发、登载有法律、法规禁止内容的或者有欺诈性文字、与事实不符的征订单、广告和宣传画，应受何种处罚？ / 163
10. 擅自更改出版物版权页，应受何种处罚？ / 163
11. 出版物经营许可证未在经营场所明显处张挂或者未在网页醒目位置公开出版物经营许可证和营业执照登载的有关信息或者链接标识的，应受何种处罚？ / 163
12. 出售、出借、出租、转让或者擅自涂改、变造出版物经营许可证，应受何种处罚？ / 163
13. 公开宣传、陈列、展示、征订、销售或者面向社会公众发送规定应由内部发行的出版物，应受何种处罚？ / 164
14. 委托无出版物批发、零售资质的单位或者个人销售出版物或者代理出版物销售业务，应受何种处罚？ / 164
15. 未从依法取得出版物批发、零售资质的出版发行单位进货，应受何种处罚？ / 164
16. 提供出版物网络交易平台服务的经营者未按《出版物市场管理规定》履行有关审查及管理责任，应受何种处罚？ / 164

17. 应按规定进行备案而未备案,应受何种处罚? / 165
18. 不按规定接受年度核验,应受何种处罚? / 165

■三、中小学教科书发行管理 / 165

1. 从事中小学教科书发行业务需要哪些条件? / 165
2. 从事中小学教科书发行业务必须遵守哪些规定? / 166
3. 中小学教辅材料发行有哪些要求? / 167
4. 中小学教辅材料质量要求有哪些? / 167
5. 中小学教辅材料定价要求有哪些? / 168
6. 发行单位发行未经依法审定的中学小学教科书,应受何种处罚? / 168
7. 未经法定方式确定的单位从事中学小学教科书的发行业务,应受何种处罚? / 169

■四、进口出版物发行管理 / 169

1. 什么是进口出版物? / 169
2. 什么是出版物进口经营单位? / 169
3. 进口出版物是如何管理的? / 170
4. 进口图书备案申请包括哪些信息? / 171
5. 进口音像制品(成品)及电子出版物(成品)备案申请包括哪些信息? / 171
6. 进口报纸、期刊备案申请包括哪些信息? / 172
7. 进口境外数字文献数据库备案申请包括哪些信息? / 173
8. 出版物进口经营单位未履行审读责任将受到何种处罚? / 173
9. 出版物进口经营单位备案时提交的材料不齐备、不真实或违反《出版物进口备案管理办法》其他规定将受到何种处罚? / 174
10. 进口出版物发行管理中的订户指的是什么? / 174
11. 进口出版物发行管理中的订购指的是什么? / 174
12. 进口出版物如何分类管理? / 174
13. 限定发行范围的进口出版物如何发行? / 175
14. 订户订购非限定发行范围的进口报纸、期刊应如何办理? / 175

15.订户订购限定发行范围的进口报纸、期刊、图书、电子出版物等应如何办理？ / 175

16.在华外国机构、外商投资企业和在华长期工作、学习、生活的外籍人士和港、澳、台人士订购进口报纸、期刊,应如何办理？ / 176

17.订购限定发行范围的进口报纸、期刊、图书、电子出版物的订户如何审核？ / 176

18.未经批准,擅自从事进口出版物的订户订购业务,应受何种处罚？ / 176

第八部分 国内、国际书展

1.全国图书交易博览会 / 178

2.北京国际图书博览会 / 178

3.北京图书订货会 / 179

4.上海书展暨"书香中国"上海周 / 179

5.香港书展 / 180

6.法兰克福图书博览会 / 180

7.伦敦书展 / 182

8.博罗尼亚国际儿童图书展 / 182

9.莫斯科国际图书博览会 / 183

10.美国书展 / 184

11.澳大利亚国际图书博览会 / 185

12.莱比锡书展 / 185

13.首尔国际书展 / 186

14.开罗国际图书博览会 / 186

15.巴黎图书沙龙 / 187

16.东京国际图书博览会 / 187

附件1《中国图书馆分类法》(第五版)简表 / 188

后记 / 197

第一部分
出版物

一、出版物

■● **1.什么是出版物？**

出版物，是指以传承和传播为目的，存储知识信息，并具有一定物质形态的文化产品。本书所称出版物，是指图书、报纸、期刊、音像制品、电子出版物等。

出版物包括定期出版物和不定期出版物两大类。定期出版物主要是指报纸和杂志（也称期刊）；不定期出版物主要是指图书。报纸、杂志和图书等印刷品，是我们常说的传统出版物或印刷出版物。伴随留声机、缩微成像技术、录音技术、录像技术和计算机的发明与应用，唱片、缩微胶片、录音带、录像带、光盘等新型的、非印刷的音像制品和电子出版物不断涌现，这就是我们所说的新兴出版物。随着现代技术的进步，我们相信，出版物的物质形态和它所负载的内容必将又会有许多新的发展，比如网络出版物。

2. 什么是正式出版物？

正式出版物，是出版单位严格遵照法律、法规规定的程序出版的出版物。

3. 什么是内部发行出版物？

内部发行出版物，是指限定在一定范围内发行的正式出版物。主要是在某些领域具有一定研究价值，但不宜公开发行和传播，仅供部分特定读者阅读的出版物。内部发行出版物不得公开宣传、陈列、销售。

4. 什么是内部资料性出版物？

内部资料性出版物，是指在本行业、本系统、本单位内部，用于指导工作、交流信息的非卖性单本成册或连续性折页、散页印刷品，但不包括机关、企事业单位日常公文性简报等信息资料。内部资料性出版物分为一次性内部资料出版物和连续性内部资料出版物。印制内部资料性出版物必须按要求报经有批准权限的新闻出版行政管理部门批准。内部资料性出版物不得公开发行、销售。

5. 什么是多卷出版物？

多卷出版物，是指具有统一名称，以分册形式组合出版的出版物。多卷出版物的题名是由共同题名和从属题名共同构成的，各分册共同组成该出版物。各分册内容上联系比较紧密，围绕一个主题形成一个整体。各分册出版物之间互具系统性、严密性、逻辑性，不同于连续出版物、系列出版物。

6. 什么是系列出版物？

系列出版物，是指一段时间内连续出版、不限定顺序且以统一题名为标识的系列产品。系列出版物通常具有相似的产品形式，并共享独特的品牌或设计风格。

7. 什么是连续出版物？

连续出版物，是指具有固定名称，编有序号，无预定结束日期，连续分期、分册或分部分出版的出版物。连续出版物主要包括期刊、报纸、年鉴、年刊、指南、学会报告丛刊和会刊、连续出版的专著丛书和会议录等，但不包括在一个预定有限期内以连续分册形式出版的著作，这也是连续出版物与多卷出版物的区别。

8. 什么是专题出版物？

专题出版物，是指由出版者将作品或该作品的一部分或几部分作为一个单行本出版，且可以任何产品形式公开发行的出版物。有别于连续性出版物和整合性出版物。

9. 什么是非法出版物？

非法出版物，是指出版程序违反相关法律、法规的出版物。非法出版物主要包括未经批准擅自出版、印刷或者复制的出版物，伪造、假冒出版单位或者报刊名称出版的出版物，非法进口的出版物，侵犯他人著作权或者专有出版权的出版物，新闻出版行政部门明令禁止出版、印刷或者复制、发行的出版物。

10. 什么是淫秽出版物？

淫秽出版物，是指宣扬传播淫秽色情行为的出版物。淫秽出版物整体上宣扬淫秽行为，挑动人们的性欲，足以导致普通人腐化堕落，毫无艺术价值和科学价值。主要包括：淫亵性地具体描写性行为、性交及其心理感受的；公然宣扬色情淫荡形象；淫亵性地描述或者传授性技巧的；具体描写乱伦、强奸或者其他性犯罪的手段、过程或者细节，足以诱发犯罪的；具体描写少年儿童的性行为的；淫亵性地具体描写同性恋的性行为或者其他性变态行为，或者具体描写与性变态有关的暴力、虐待、侮辱行为的；其他对性行为的淫亵性描写的。

11. 什么是违禁出版物？

违禁出版物，就指内容违反《出版管理条例》有关规定的出版物。主要包括：反对宪法确定的基本原则的；危害国家统一、主权和领土完整的；泄露国家秘密、危害国家安全或者损害国家荣誉和利益的；煽动民族仇恨、民族歧视，破坏民族团结，或者侵害民族风俗、习惯的；宣扬邪教、迷信的；扰乱社会秩序，破坏社会稳定的；宣扬淫秽、赌博、暴力或者教唆犯罪的；侮辱或者诽谤他人，侵害他人合法权益的；危害社会公德或者民族优秀文化传统的；有法律、行政法规和国家规定禁止的其他内容的。

12. 什么是伪书？

伪书，是指在出版单位、书名、作品内容、作品年代及宣传等方面含有虚假信息的图书。包括：伪称根本不存在的出版单位印制的图书；盗用国家批准的出版单位名称印制的图书；在社会上公开发行而不署名出版单位或署名非出版单位的图书；使用被撤销或停办的出版单位名称出版发行的图书；非出版单位印制的供公开发行的图书；篡改出版单位、书名、作者、作品年代，或是删除敏感段落重新翻印的书等等。

伪书大多打着国外图书的旗号，一是伪造外国作者或国际知名媒体、人物评论，伪造该书畅销信息；二是盗用国外有影响或畅销图书的书名、获得的荣誉等信息,文中内容完全由自己或组织人员编写。

13.什么是盗版？

盗版,即俗语"D版",是指在未经版权所有人同意或授权的情况下,对其拥有著作权的作品、出版物等进行跟源代码完全一致地复制的行为。

在绝大多数国家和地区,此行为被定义为侵犯知识产权的违法行为,甚至构成犯罪,会受到所在国家的处罚,我国也不例外。盗版出版物通常包括盗版书籍、盗版软件、盗版音像作品以及盗版网络知识产品。盗版行为侵犯法律,购买盗版者也无法得到法律的保护。

二、图书

1.什么是图书？

联合国教科文组织对图书的定义是:凡由出版社(商)出版的不包括封面和封底在内49页以上的印刷品,具有特定的书名和著者名,编有国际标准书号,有定价并取得版权保护的出版物称为图书。图书由书脊、书口、封面、书页等组成,装订的一侧为书脊,可翻开的一侧为书口。

2.什么是大众类图书？

大众类图书,是指受众面广,内容与人民群众的日常生活、休闲阅读、知识普及等相关的图书。一般来讲,大众类图书中,面向大众、与读者工作生活结合紧密的图书最受欢迎。比如,文学类、财经类、历史类、健康类等,最受广大读者关注,因此,这些类别的图书也常常出现在各级各类畅销书排行榜前列。

3.什么是一般图书?

一般图书,就是指非教材图书。一般图书主要面向具备一般阅读能力的大众读者,具有通俗性,超越专业分工、跨越地域限制,生动可读,是一般读者所能接受的。对一般图书可采取完全市场化运作,通过一般书店的柜台进行销售。

4.什么是专业类图书?

专业类图书,是指内容涉及某一行业、职业或专业学科领域的图书。相比其他种类的图书,专业类图书重点突出一个"专"字,比如科研、金融、财会、建筑、律师等。

5.什么是普及读物?

普及读物,是指以通俗易懂的文字传播知识的大众类出版物。包括政治、法律、军事、历史、地理、中外文学、医药卫生、农业、工业技术、生活休闲等各种类别的出版物,只要通俗易懂,受众广泛,都是普及读物。

6.什么是学术著作?

学术著作,是指围绕某一学科或某一专题,将有关知识归纳成理论,进行系统论述的著作。

7.什么是教育类图书?

教育类图书,主要是指内容与教学活动相关的图书。教育类图书大致可分为家庭教育类,教育理论、事业类,幼儿教育类,等等。近年来,随着我国教育改革的不断深化,素质教育成为全社会都在关注的重要话题,教育类图书市场也同步取得持续发展。

8.什么是教材？

教材,是指供教学活动使用的出版物。教材的定义有广义和狭义之分。广义的教材指课堂内外教师和学生使用的所有教学材料,比如课本、练习册、活动册、故事书、补充练习、辅导资料、自学手册、录音带、录像带、计算机光盘、复印材料、报刊、广播电视节目、幻灯片、照片、卡片、教学实物等等。教师自己编写或设计的材料也可称为教学材料。另外,计算机网络上使用的学习材料也是教学材料。因此,广义的教材不仅指装订成册或正式出版的书本,凡是有利于学习者增长知识或发展技能的材料都可称为教材。狭义的教材就是指教科书,也就是我们出版发行行业讲的教材。

9.什么是平装书？

平装书,一般就是指简装本、纸皮书,即封面用软质纸的图书。这种书的印刷和生产比较普遍,常用于一般的书籍与杂志。平装又称"简装",是总结了包背装和线装的优点后进行改革的一种常用书籍装帧形式。简装主要工艺包括折页、配页、订本、包封面和切光书边,一般采用纸质封面,方法简单,成本低廉,携带方便。

10.什么是精装书？

精装书,是封面用硬质纸或其他硬质材料的图书。精装是一种书的装订模式,是书籍的一种精致制作方法,配有保护性的硬底封面,在书的封面和书芯的脊背、书角上进行各种造型加工后制成。"精装"是书籍装帧形式之一,与"平装"相对,一般用硬纸、皮革、织物、塑料等做封面,有的书脊上包布,工艺要求较高。精装又分为全纸面精装、纸面布脊精装、全面料精装等,有圆脊和平脊两种形态,其加工方法和形式多种多样,如书芯加工就有圆背(起脊或不起脊)、方背、方角和圆角等;封面加工又分整面、接面、方圆角、烫箔、压烫花纹图案等等。

11.什么是豪华本?

豪华本,是指专门设计,装帧考究,材料特殊,通常开本较大的精装书。

12.什么是线装书?

线装书,顾名思义就是用线将书页连封面装订成册,订线露在外面的中国传统方式装订的图书,又称古线装。

线装书有简装和精装两种形式。简装用纸质封面,订法简单,不包角,不勒口,不裱面,不用函套或用简单的函套;精装则采用布面或用绫子、绸等织物褙在纸上作封面,订法也较复杂,订口织物包角,有勒口、复口,成书有函套或书夹。传统线装书有多种订联形式:四目骑线式、太和式、坚角四目式、龟甲式、唐本式、麻叶式、四目式。唐本式和四目式订联方法基本相同,坚角四目式就是在四目式的基础上对书角加固。

13.什么是畅销书?

畅销书,是指在一定时期内销量很大的一般图书。在某一个时期,或者某一个时间段,非常受读者欢迎的书,就是畅销书。

14.什么是常销书?

常销书,是指一个较长的时间段内在出版物市场动销频率较高、保持稳定销量的图书。常销书不受季节、时间的影响,常年能销售,在读者的心目中有一定的影响。

15.什么是长销书？

长销书,是指较长一段时间内在出版物市场动销的图书。和畅销书相比,长销书更是书中之宝。长销书一般都是从畅销书中脱颖而出的,也就是说,通过一段时间的畅销,最后能长期在书市上站稳脚跟,不会为时间和读者所抛弃的图书就是"长销书"。

16.什么是滞销书？

滞销书,是指在出版物市场上不动销或基本不动销的图书。也就是说,滞销书销售量不多,销售趋势不看好,基本上不能销售。

17.什么是残破书？

残破书,是指在出版发行过程中,因包装或操作不当等原因,导致残缺、破损或污损的书。

18.什么是特价书？

特价书,是指因滞销、残损或促销需要等原因,低于定价销售的图书。

19.什么是常备书？

常备书,是指书店为满足读者需求而常年备货的图书。比如《新华字典》《辞海》《英汉词典》《中国大百科全书》《中国经济年鉴》等工具书,再比如《诗经》《论语》《史记》《百家姓》《三字经》等国学经典。常备书对书店来说就像人的骨架一样,起着非常重要的支撑作用。

20.什么是库存书？

库存书,是指处于仓库储存、门店在架待销和运输途中等状态的图书。简而言之，就是尚未销售的书籍。

库存书大致有两类：一类是生产库存，也就是出版单位为了满足不间断供应而储存的书籍；另一类是流通库存，也就是发行单位（书店）进货以后尚未销售的书籍，包括销售需要的合理库存和滞销积压的滞销库存。

21.什么是样书？

样书，是指用以展示、看样订货、检查质量、赠送作者和缴送有关单位收藏的图书样本。随着出版发行方式、手段、平台、载体等的日新月异，样书的概念更加广泛，所有在出版发行过程中用作样品的图书都可称作样书。

22.什么是开本？

开本，是指书刊幅面的规格大小。一张全开的印刷用纸裁切成多少页，即为多少开。对一本书的正文而言，开数与开本的含义相同，但以其封面和插页用纸的开数来说，因其面积不同，则其含义不同。通常将单页出版物的大小，称为开张，如报纸、挂图等就有全张、对开、4开和8开等规格。

由于国际国内的纸张幅面有几个不同系列，因此虽然它们都被分切成同一开数，但其规格的大小却不一样。装订成书后，它们都统称为多少开本，不过书的尺寸却不尽相同。我们通常将幅面为787mm×1092mm的全张纸称为正度纸；将幅面为889mm×1194mm的全张纸称为大度纸。

23.什么是印张？

印张，是书籍出版术语，用以说明印这本书需多少纸张。因为一张纸可以两面印，所以两个印张才算一个全张。一令纸是500张，1000个印张就是一令纸。

三、报刊

■● **1. 什么是报纸？**

报纸，是指有固定名称、刊期、开版，以新闻为主要内容，定期出版的散页连续出版物。报纸内容时效性较强，较短周期连续出版，内容按版面顺序编排，主要是针对近期发生的有关社会、政治、经济、文化教育、科学技术以及体育卫生等各方面的事件进行报道、评论。

报纸按出版周期划分，有日报、周报、旬报及半月报、月报等；按出版时间划分，有晨报、日报、晚报等；按幅面大小划分，有对开报、四开报等；按内容划分，有机关报、都市报、行业报、文摘报等；按读者对象划分，有少年报、青年报、老年报等；按文种划分，有中文报、外文报等；按主管单位划分，有中央级报纸，省（自治区、直辖市）级报纸，地市级和县（市）级报纸等；按发行范围划分，有国内发行、国外发行等。

■● **2. 什么是副刊？**

副刊，是指报纸上刊登文艺作品、学术论文或其他专题的专页或专栏。常见于各种报纸区别于新闻的版面和栏目。一般有刊名，固定版面，定期出版。

■● **3. 什么是号外？**

号外，是指为刊载突发性重大事件或特别重要的新闻，在连续的出版期号之外临时增加出版的报纸。

4.什么是机关报(刊)?

机关报(刊),是指由国家机关、政党、群众组织主办的报纸(期刊)。

5.什么是期刊?

期刊又称杂志,是指有固定名称,用卷、期或年、季、月顺序编号,按照一定周期出版的成册的连续出版物。期刊开本多为16开、大32开,骑马订装,以周期为序,是内容有一定范围的连续出版物。

6.什么是增刊?

增刊,是指根据特殊需要,增加的报纸版面或增出的期刊。

7.什么是专刊?

专刊,是指报纸用相当篇幅或者期刊用一期的全部篇幅,刊载某一学科或某一方面内容的文章,并标有"专号""专刊"字样。

8.什么是丛刊?

丛刊,是指一组各自独立又相互有关联的连续出版物,每种有其自身的题名,还有适用于整组出版物的题名。丛刊可以有编号,也可以没有编号。

9.什么是学报?

学报,是指由高等院校、研究机构、学术机构、学术团体主办的学术性期刊。

10.什么是创刊号?

创刊号,是指报刊开始刊行的一期。

11.什么是邮发报刊?

邮发报刊,是指编列邮发代号,通过邮政企业分支机构征订发行的报刊。

12. 什么是期刊合订本？

期刊合订本，是指将某种期刊一定时期内已出版的各期合册出版的出版物。

13. 什么是期刊精华本？

期刊精华本，顾名思义是指精选某期刊一定时期内刊载的内容优秀、反响良好的重要文章，汇辑成册、另行出版的出版物。

四、音像制品及电子出版物

1. 什么是音像出版物（音像制品）？

音像出版物（音像制品），是指主要应用录音录像技术手段，把经过创作、表演的声音、形象录制在磁带、光盘等载体上，并借助专用设备播放使用的视听出版物，包括录音制品和录像制品两大类。其载体主要有录有内容的录音带（AT）、录像带（VT）、唱片、密纹唱片（LP）、激光唱盘（CD）、激光视盘（LD）、数码激光视盘（VCD）、高密度激光视盘（DVD）等，还有移动硬盘、U盘、云储存等新兴信息载体。

2. 什么是录音带？

录音带，是指以录音磁带为载体，录有音频节目的出版物。录音带是磁带的一种，按外形结构的不同可分为盘式、卡式和盒式三种。录音带在干燥、低温环境下大概可保存10年左右，优质录音带可以保存30年音质不变。

■● 3.什么是激光唱盘？

激光唱盘，是指将数字化音频信号记录在光存储介质上的一种光盘，通常直径为 12cm 和 8cm。

■● 4.什么是录像带？

录像带，是指以 VHS 录像磁带为载体，录有视频和音频节目的出版物。录像带一般以录、放像机来录制和播放，它是一种线性式的影像储存方式。

■● 5.什么是数码激光视盘？

数码激光视盘（VCD），是指以 MPEG1 编码压缩格式存储音、视频信息的 CD 光盘制品。其单面播放时间约 74 分钟，图像水平清晰度约 250 线。数码激光视盘可以在个人电脑或 VCD 播放器以及大部分 DVD 播放器中播放。

■● 6.什么是高密度激光视盘？

高密度激光视盘（DVD-V），是指以 MPEG2 编码压缩方式处理数字音、视频信号，以 Dolby AC-3 和（或）DTS 音频编码压缩方式处理多声道环绕声音频信号的视频节目光盘。高密度激光视盘是一种视频多用途数字光盘。

■● 7.什么是电子出版物？

电子出版物，是指以数字代码方式，将图、文、声、像等信息编辑加工后，存储在磁、光、电介质上，可复制发行，通过计算机或具备类似功能的设备进行播放使用的大众传播媒介产品。电子出版物载体主要有软磁盘（FD）、只读光盘（CD-ROM）、交互式光盘（CD-I）、图文光盘（CD-G）、照片光盘（Photo-CD）、集成电路卡（IC 卡），以及移动硬盘、U 盘、云储存等。

8.什么是只读光盘?

只读光盘(CD-ROM),又称只读存储光盘,指用于计算机的只读 CD 格式光盘。只读光盘是一种能够存储大量数据的外部存储媒体,被写入数据后,只可读取而不能再次写入。读取只读光盘上的数据,是利用激光束扫描光盘,根据激光在小坑上的反射变化得到数字信息。

9.什么是交互式光盘?

交互式光盘(CD-I),是指具有对音视频信息交互操作功能的 CD 光盘制品。交互式光盘的功能与 CD-ROM 类似,但除了将影像、声音、图形和计算机数据形式存在的多种媒体的信息融合一体传达给使用者外,还能够让使用者以交互方式索取到有意义的信息。

10.什么是多媒体电子出版物?

多媒体电子出版物(MEP),是指综合表现音频、视频、图形、图像、动画和文本等信息组合的电子出版物。多媒体电子出版物是计算机、视频、通信以及其他多媒体技术与现代出版业相结合的产物,其载体包括软盘、只读光盘、交互式光盘、图文光盘、照片光盘和集成电路卡等。

11.什么是磁盘?

磁盘,是以磁形式储存并通过电磁脉冲读写信息的一种圆盘形存储介质。磁盘按其制造材料区分,可分为软磁盘、硬磁盘两种;按使用功能分,可分为固定式和可移动式两种。

12.什么是集成电路卡?

集成电路卡,又称 IC 卡,是以半导体存储器为存储介质的出版载体。

■ 13.什么是照片光盘？

照片光盘（Photo-CD），是指用于记录数字化照片信息的CD光盘制品，也可用于储存文字、图形、音频信息。

■ 14.什么是网络出版物？

网络出版物，是指将文字、声音和（或）图像信息编辑加工成数字信息后，以一定的编排方式存储在网络服务器上，通过计算机或类似功能的联网设备调阅使用的大众传播媒介。

■ 15.什么是网络游戏？

网络游戏（online game），是指基于计算机网络（包括互联网和局域网）运行的，具有多重交互功能的游戏出版物。又称"在线游戏"，简称"网游"。

■ 16.什么是有声读物？

有声读物，广义上指音像制品的一部分；狭义上指采取某种特殊复制技术，借助某种工具，可以发声的纸介质出版物。顾名思义，有声读物就是有声音的读物。

五、出版物版印

■ 1.什么是版本？

版本，是指在不同时期内容相同或基本相同的作品在同一出版社或不同出版社形成的各种出版物形态。

2. 什么是版次？

版次，是指图书版本的次序。就图书而言，第 1 次出版印刷的书写有"某年某月第 1 版第 1 次印刷"，这叫初版；如内容不变动，第 2 次印刷就注明第 1 版第 2 次印刷，这种书叫重印书；如第 3 次印刷发行时内容经过重大修改，版次就要重新算，则要称为"第 2 版第 3 次印刷"。

3. 什么是修订版？

修订版，是指对图书原版内容进行修改订正，改动范围超过三分之一的图书版本。

4. 什么是增订版？

增订版，是指在图书原有版本基础上进行增补和修订的图书版本。

5. 什么是增补版？

增补版，是指在原书以外，按原书内容及体裁进行延伸创作，与原书配套出版的版本。

6. 什么是限量版？

限量版，是指限定发行数量的图书、音像制品和电子出版物等版本。

7. 什么是印次？

印次，是指同一版本的图书印刷的次序。从第 1 版第 1 次印刷起连续计算。如果书的内容经过重大修订而再版，仍然要在原印次基础上累计印次。

8. 什么是重印书？

重印书，是指书名不变，内容未做修改或仅做少量修改，重新印制的图书。

9.什么是再版书？

再版书,是同一个出版社对原书做较大修改后重新排版印制的书。

10.什么是绝版书？

绝版书,是指书版已毁、不再印制的某版本图书。

11.什么是影印本？

影印本,是指用拍照、扫描、复印等方法制版印制的图书。影印本分线装、平精、精装等形式,是对原版的复制。

第二部分
出版物发行业务术语与出版物分类

一、出版物发行业务术语

■● **1.什么是出版物发行？**

出版物发行，就是指经出版单位发行部门、出版物经销商等将出版物提供给消费者的活动。简单地说，就是将出版物销售给消费者的经营活动。

■● **2.什么是公开发行？**

公开发行，是指对发行地区和读者对象不做限定的发行方式。

■● **3.什么是内部发行？**

内部发行，是指对发行地区和读者对象有限定的发行方式。内部发行是相对于公开发行而言。内部发行的出版物，其内容在某些领域具有一定的研究价值，但不宜公开发行和传播，仅供部分特定读者阅读。

4.什么是自办发行？

自办发行，就是指出版单位自己办理本单位出版的出版物的发行业务。自办发行的出版物可以由出版单位直接销售给消费者，也可以批发给书店等发行单位，再通过这些发行单位销售给消费者。

5.什么是系统发行？

系统发行，就是指通过行业系统销售出版物的发行方式。

6.什么是发行渠道？

发行渠道，是指出版物从生产领域向消费领域转移过程中所经历的交易路径。或者说，是出版物从生产者向消费者转移所经过的通道或途径。它是出版物由生产者到消费者的流通过程中所经历的各个环节连接起来形成的通道。

发行渠道的起点是出版物生产者，终点是消费者，中间环节包括各种批发商、零售商（无店铺零售、店铺零售）等。

7.什么是征订？

征订，就是指出版单位向发行单位征求出版物订购数量，以及发行单位向消费者征求出版物订购数量的活动。征订一般采取的形式有：

第一，目录征订（寄目征订），就是通过目录向发行单位或者消费者征求出版物订数；

第二，发样征订，就是通过样本或样张向发行单位或者消费者征求出版物订数。

第三，逐级征订，就是按照发行组织系统逐级发送订单、汇总订数后,统一向供应商购货的征订方式。

第四,系统征订,就是通过行业系统协助征订出版物的方式。

出版物征订一般采用填写征订单的形式进行。征订单有可能是传统纸质的,也可能是电子的,征订单的内容主要包括出版物形式、名称、出版单位、国际标准书号、国内统一刊号、国际标准刊号、邮发代号、单价、汇款方式,以及由订购人或订购单位来填写的电话、联系方式、订购人、详细地址、订购数等,简洁了当。

■● 8.什么是包销?

包销,是指发行者买断出版物所有权,在全国市场范围或特定区域市场范围内享有专有销售权,且不退货的购销形式。

■● 9.什么是征订包销?

征订包销,是指发行单位承担全部征订的出版物的销售。除因出版者原因外的出版物问题,征订包销一般不能退货。其操作程序是:包销者对将要出版的出版物先行征订,出版者按包销者订数将出版物交包销者销售,包销者按协议时间与出版者结算。

征订包销与包销的主要区别在于,包销是包销者买断了出版物的所有权,出版者不能将被包销的出版物再发售给第三方,而征订包销则是出版者在满足征订包销发行企业需要之外,还可将出版物交由其他发行企业发行。

■● 10.什么是征订经销?

征订经销,就是指出版者负责总发行,发行者根据自己需要的订数,向出版者进货销售,非因出版物质量问题,经销的出版物一般不能退货。

经销出版物需签订经销合同（协议），合同（协议）内容包括双方合作期限、合作内容及方式、订货方式、发货方式、不同种类出版物（一般图书、教材、教辅、音像制品等）的折扣、结算方式（包括保证金支付方式）、违约责任、争议解决途径等等。签订经销合同（协议）必须符合《中华人民共和国合同法》要求，并受法律保护。

11.什么是特约经销？

特约经销，就是指出版单位邀请在某一地区发行行业中比较有实力的发行企业，代理自己生产的出版物，以便更快地在这一个地区打开销路的行为。

特约经销商会享受到邀请方的各种优惠政策。

12.什么是经销包退？

经销包退，最早是新华书店向供销社批发图书的一种形式，起源于20世纪50年代。其基本操作方式是：省、市、自治区新华书店和供销社双方签订经销图书协议，书店按一定的批发折扣向供销社发书，收取货款；供销社对批进的图书，如经过一段时间尚未售出，除污损者外，可以退回新华书店，收回货款，或者调换同等书价的其他图书，退货率事先商定。经销包退可以减少供销社发行图书的经济损失，方便农村读者就近买书。渐渐地，一些出版单位和发行商、批发商和零售商也开始尝试和采用这种模式经销出版物。目前，国有新华书店、实力稍强的发行企业大都要求出版单位采取这种模式。

13.什么是寄销？

寄销，是指出版物所有者委托发行企业销售出版物，双方按照协议约定对实际销售的出版物转移所有权，允许退货的购销形式。

出版物寄销业务中,出版物所有者(寄销人)虽将商品交付给了发行企业(承销人),但并未转让该商品的所有权,寄销的出版物仍应列为出版物所有者的存货,直至发行企业将其售出为止。发行企业对寄销的出版物负有保管责任,直到寄销的出版物被售出为止。寄销的出版物既不是发行企业的存货,也不是负债。出版物寄销业务中的出版物所有者和发行企业之间的关系是一种委托和代理关系,双方应先订立合同,受法律约束。

14.什么是批发?

出版物批发,是指出版物供应商向其他发行者销售出版物的活动。批发与零售相对。

出版物批发是出版物生产与零售之间的中间环节,批发业务一般由批发企业来做,每次售出的出版物数量较大,并按批发价格销售。出版物的批发价格低于零售价格,也就是说存在着批零差价,这个差额由零售企业所耗费的流通费用、税金和利润构成。

出版物批发活动使出版物从生产领域进入流通领域,起到组织和调动出版物流通的作用。批发的另一个作用是通过出版物储存发挥"蓄水池"作用,平衡和调节出版物市场供求矛盾。

15.什么是零售?

零售,是指发行者直接向消费者销售出版物的活动,是批发的对称。

出版物零售的特点是,每笔交易的数量不一定很大,但交易次数频繁;交易结束后,出版物即离开流通领域,进入消费领域。出版物零售不一定只在实体书店进行,也可通过网络销售、邮购、电话订购等进行。近年来,随着互联网的发展,网络零售快速增长,比如亚马逊、当当、淘宝、京东等网上商城,出版物零售近年来一直保持着高速的增长,新华书店也开设了网上书店。

16.什么是出租?

出租,是指出版物经营者以收取租金的形式向消费者提供出版物的活动。

17.什么是展销?

展销,是指主办者在一定场所和时间内,组织出版物经营者集中展览、销售、订购出版物的活动。

18.什么是发行折扣?

发行折扣,是指在出版物销售过程中卖方给予买方的折让,用以定价为基准减价的比率或金额表示。或者说,发行折扣是批发商或零售商向出版单位、零售商向批发商、消费者向发行单位购买出版物时,享受到的一定价格优惠的比例。主要形式有:

第一,政策折扣,就是国家有关部门对某些特殊性出版物明确规定的发行折扣,比如中小学教材,定价统一由各省、自治区、直辖市的物价管理部门审定,并在全国范围内统一规定发行折扣标准,政策折扣出版单位只能不折不扣地执行,无权擅自变动;

第二,市场折扣,就是以同类出版物在市场上的平均发行折扣为标准确定的发行折扣。

制定发行折扣一定要考虑出版物市场特点,科学合理,如果定得过高,可能会使出版物遭受客户的冷遇,错失良机,甚至丢掉原有客户;如果定得过低,甚至采取"高定价,低折扣"的做法,则可能面临收不抵支的风险,或直接损害读者利益,扰乱出版物市场公平竞争秩序。

19.什么是订货?

订货,是指买方向卖方订购出版物。

出版物贸易双方就相关事项协商后,签订订货合同,合同内容包括出版物名称、规格型号、数量、价格、包装、装运方式、付款条件、结算方式、违约责任、争议解决途径等内容,合同一般一式两份,双方盖章生效,各存一份。

20.什么是订单?

订单,是指记录出版物订货相关信息的单证。出版物订单是出版物发行企业采购部门向供应商发出的订货凭据。

21.什么是目录(书目)?

目录(书目),是指描述一批相关出版物,按照一定次序编排组织而成的揭示和报道出版物信息的工具。

出版物目录类型多样,小者列出部分出版物,大者集合成为工具书;简单者只列出一批出版物名录,详细者编辑出各出版物内容提要、作者介绍等许多信息。优秀的书目能反映某一时期某一学术领域的概貌,具有重要的参考价值。

22.什么是征订书目?

征订书目,就是指图书出版单位向发行机构或消费者、发行机构向消费者征求图书订货量所使用的书目。

23.什么是脱销?

脱销,是指出版物供不应求而导致的商品缺货状态。当库存的出版物销售完后,仍有消费者有购买需求,供不应求的数量就是脱销的数量。造成脱销的原因很多,比如库存量过小、品种不全、进货调拨不及时、出版赶不上需要等等。

24. 什么是滞销？

滞销，就是指进入市场的出版物因为种种原因不受消费者欢迎而导致不动销或基本不动销。

25. 什么是积压？

积压，就是指因各种原因造成的出版物滞销状态。

26. 什么是退货？

退货，是指买方将出版物退还给卖方的过程。退货原因很多，比如质量或包装问题、存货量太大或出版物滞销、因卖方原因的损坏变质等等。

27. 什么是流动销售？

流动销售，是指发行者选择消费者比较集中的区域，设立临时摊位展示销售出版物的零售方式。

28. 什么是图书展销？

图书展销，就是指图书发行者在特定时间、特定地点内，将出版物集中展示，以吸引消费者购买的销售方式，是一种图书展览和销售结合进行的发行方式。

小型图书展销，只需要在书店门市（或其他场所）辟出部分场地，陈列、销售有关图书；大型的图书展销，则需要租用展览馆等临时场地组织展出和销售。

大型综合性图书展销，主办单位要提前制订周密计划，组织货源，选择场地，精心布置，尤其要做好宣传工作，如通过新闻、广播、电视发布消息，编印、分发各种海报、宣传品等；小规模或专题性图书展销，图书品种、数量不多，不受场地大小或人力安排等条件约束，可随时开展，比较灵活。

二、出版物分类

1. 什么是出版物分类？

出版物分类，是指根据出版物所涉猎的学科内容或者其他方面的特征，将出版物科学、合理地分门别类组织起来，以方便出版物在出版发行过程中的管理、识别以及后期使用的方法。

2. 出版物分类有哪些方法？

图书分类是一个专门的学科。对图书进行分类，有许多不同的方法。在我国，使用较多的是《中国图书馆分类法》，简称《中图法》。大多数图书馆、资料室以及新华书店系统都使用这种分类方法。当然，并不是所有的图书馆、资料室都是按照《中图法》来分类的，也有一些图书馆、资料室，按照自己的实际情况，使用其他的分类法。

除《中图法》外，我国图书馆仍在使用的分类法还有《中国科学院图书馆图书分类法》《中国人民大学图书馆图书分类法》等。《中国科学院图书馆图书分类法》，简称《科图法》，这种分类方法在自然科学类专业图书馆有一定的使用。《中国人民大学图书馆图书分类法》，简称《人大法》，个别大学图书馆仍使用这种分类方法。近年来推出的《图书、音像制品、电子出版物营销分法法》（简称《营销分类法》），是一种以阿拉伯数字为标记符号对出版物进行市场营销分类的方法。此外，国家新闻出版广电总局在实施农家书屋工程过程中，基于农村实际情况，推出了便于查找、简单实用的农家书屋图书分类法。

3. 什么是《中国图书馆分类法》？

《中国图书馆分类法》原名《中国图书馆图书分类法》。《中国图书馆图书分类法》初版于 1975 年,由于使用范围不断扩大,1999 年出版的第 4 版更名为《中国图书馆分类法》,是一种根据图书的学科属性对图书进行分类的方法,目前我国绝大部分图书馆对图书分类使用这种方法。

4.《中国图书馆分类法》对图书是如何分类的？

《中国图书馆分类法》以科学分类为基础,结合图书资料的内容和特点,对图书进行分类。《中图法》将知识门类分为"哲学""社会科学""自然科学"三大部类;将作为指导我们思想的理论基础马克思主义、列宁主义、毛泽东思想,作为一个基本部类,列于首位;将内容庞杂、类无专属,无法按某一学科内容性质分类的,概括为"综合性图书",也作为一个基本部类,列于最后。部类下再展开学科大类(一级类目),每学科大类下再逐级细分。其分类的体系结构概况,见本书后所附《中国图书馆分类法(第五版)》简表。

5. 什么是部类？

部类,也称基本部类,是分类法编制中为建立知识分类体系,对知识门类所进行的最概括、最本质的划分,是确立基本大类的基础。《中国图书馆分类法》基本部类分为马克思主义、列宁主义、毛泽东思想,哲学,社会科学,自然科学,综合性图书 5 大部类。5 大部类进一步划分为 22 个基本大类,其分类号情况见《中图法》基本部类与基本大类分类号对应表。

《中图法》基本部类与基本大类分类号对应表

部类	对应基本大类的分类号
马克思主义、列宁主义、毛泽东思想	A
哲学	B
社会科学	C,D,E,F,G,H,I,J,K
自然科学	N,O,P,Q,R,S,T,U,V,X
综合性图书	Z

6.什么是一级类目？

一级类目，也称分类大纲或基本大类，是分类法中划分的第一级类目，是在基本部类的基础上展开的知识分类体系框架，是对学科或知识领域进行的概括的划分与排列，是类目表的纲目，是稳定的、较为概括的学科或知识领域。《中国图书馆分类法》一级类目分为22个基本大类，分别用22个大写英文字母为代号。

《中图法》基本大类类目表

A	马克思主义、列宁主义、毛泽东思想、邓小平理论	N	自然科学总论
B	哲学、宗教	O	数理科学和化学
C	社会科学总论	P	天文学、地球科学
D	政治、法律	Q	生物科学
E	军事	R	医药、卫生
F	经济	S	农业科学
G	文化、科学、教育、体育	T	工业技术
H	语言、文字	U	交通运输
I	文学	V	航空、航天
J	艺术	X	环境科学、安全科学
K	历史、地理	Z	综合性图书

7.什么是二级类目？

二级类目，是对一级类目的进一步细分。比如，为适应文献分类需要,一级类目"工业技术"又进一步展开为16个二级类目。具体分法见本书后所附《中国图书馆分类法(第五版)》简表。

8.部类、一级类目和二级目类是什么关系?

在分类法中,每一个类目都不是孤立的,在类目体系中,它们相互关联,互为有机组成的要素。在概念中,部类是依据一定的世界观,对知识门类所做的概括。一级类目是在部类划分的基础上,展开的对科学门类的划分,二级类目是对一级类目的进一步细分。

9.什么是《中国科学院图书馆图书分类法》?

《中国科学院图书馆图书分类法》是图书分类方法的一种。《科图法》1958年由中国科学院图书馆编写而成,1970年开始修订,1974年出版第2版自然科学、综合性图书类表及附表,1979年出版第2版马克思列宁主义、毛泽东思想,哲学和社会科学类表,1982年出版第2版索引,1987年再次修订,1994年出版第3版。

10.《中国科学院图书馆图书分类法》是如何分类的?

《中国科学院图书馆图书分类法》将图书按知识门类分为5大部类、25个基本大类,各级类目分类号码采用单纯阿拉伯数字标记。分类号码分为两部分,第一部分采用顺序制,从00—99分配25个大类及其主要类目。第二部分采用小数制,以容纳细分类目。在号码编制技术上采用双位法、借号法等方法,组配灵活,伸缩性强。基本大类名称见《科图法》基本大类类目表。

《科图法》基本大类类目表

00	马克思列宁主义、毛泽东思想
10	哲学
20	社会科学
21	历史、历史学
27	经济、经济学
31	政治、社会生活
34	法律、法学
36	军事、军事学
37	文化、科学、教育、体育
41	语言、文字学
42	文学
48	艺术
49	无神论、宗教学
50	自然科学
51	数学
52	力学
53	物理学
54	化学
55	天文学
56	地球科学（地学）
58	生物科学
61	医药、卫生
65	农业科学
71	工程技术
90	综合性图书

00、10、20、50、90 为 5 大部类，以这 5 个部类为基础，组成 25 个基本大类。

11.什么是《中国人民大学图书馆图书分类法》？

《中国人民大学图书馆图书分类法》是由中国人民大学图书

馆集体编著,1952年编成草案,1953年出版,1954年初稿第2版,1955年增订第2版,1957年增订第3版,1962年增订第4版,1982年出版第5版。

12.《中国人民大学图书馆图书分类法》是如何分类的?

《中国人民大学图书馆图书分类法》分为总结科学、社会科学、自然科学、综合图书4大部类,总共17个大类。

《人大法》基本大类类目表

00	马克思主义、列宁主义、毛泽东思想
2.	哲学
3.	社会科学、政治
4.	经济
5.	军事
6.	法律
7.	文化、教育、科学、体育
8.	艺术
9.	语言、文字
10.	文学
11.	历史
12.	地理
13.	自然科学
14.	医药卫生
15.	工程技术
16.	农业科学
17.	综合参考

《中国人民大学图书馆图书分类法》包括主表和复分表两部分,主表有大纲、简表、基本类目表和详表;复分表包括综合复分表、中国民族复分表、中国时代复分表、中国地区复分表、苏联加盟共和国复分表、国家复分表之一、国家复分表之二、国际时代

复分表、世界地区复分表。类目标记符号采用阿拉伯数字,以展开层累制作为标记制度。

■● 13.什么是《营销分类法》?

《图书、音像制品、电子出版物营销分类法》简称《营销分类法》,是出版物发行业的第二项行业标准,于 2008 年 12 月 29 日开始实施。该标准规定了图书、音像制品及电子出版物营销分类的类目体系和类目代码。

长期以来,我国的出版发行行业在出版物营销分类上没有统一的标准,在实际出版和销售工作中,出版和发行环节各自为阵,根据自身情况对出版物进行营销分类,由此导致出版社对出版物的营销分类和发行企业对出版物的营销分类之间存在较大差异。《图书、音像制品、电子出版物营销分类法》的实施正是为了解决这一矛盾和问题。该分类法用于统一指导出版社、书店(包括网络书店)的编辑、市场营销人员、营业员对出版物进行分类。此外,《图书、音像制品、电子出版物营销分类法》还可作为大中专院校进行出版物营销分类研究的参考。

■● 14.《营销分类法》是如何分类的?

《营销分类法》包括图书、音像制品和电子出版物 3 个部类,图书部类下设 27 个一级类目,以两位阿拉伯数字为类目代码,并通过小圆点后再加阿拉伯数字划分一级类目的下级类目。图书、音像制品、电子出版物基本大类分别见图书基本大类类目表、音像制品基本大类类目表、电子出版物基本大类类目表。

图书基本大类类目表

01	马列主义、毛泽东思想、邓小平理论		
02	政治	15	少儿读物
03	法律	16	文学
04	军事	17	艺术
05	经济	18	体育
06	管理	19	生活休闲
07	哲学	20	自然科学
08	宗教	21	医药卫生
09	文化	22	农业
10	历史、地理	23	工业技术
11	社会科学	24	计算机
12	语言文字	25	建筑
13	教育、科学研究	26	交通运输
14	中小学教材、教辅	27	综合性图书

图书基本大类之下的细分，比如，01 马列主义、毛泽东思想、邓小平理论，之下还有 01.01 马恩列斯著作、01.02 毛泽东著作、01.03 邓小平著作、01.04 著作汇编、01.05 学习和研究、01.06 生平和传记等。

音像制品基本大类类目表

51	艺术	57	语言学习
52	时事政治	58	教育
53	军事	59	少儿音像
54	经济管理	60	文学
55	文化、体育	61	科技
56	历史、地理	62	生活百科

音像制品基本大类下的细分，比如，53 军事，之下还有 53.01 世界军事、53.02 中国军事、53.03 兵器知识、53.04 战争战役、53.05 人物谋略等。

电子出版物基本大类类目表

71	软件	73	教育
72	游戏	74	电子图书

电子出版物基本大类下的细分,比如,71 软件,之下还有 71.01 系统工具、71.02 网络软件、71.03 计算机安全、71.04 设计开发、71.05 图形图像、多媒体、71.06 商务软件、71.07 办公软件、71.08 电子地图、71.09 其他应用软件等。

■ **15.什么是农家书屋图书分类法?**

农家书屋图书分类法是特别针对农家书屋图书进行分类的一种方法。农家书屋配置的图书主要是针对农村读者,数量不多,品种有限,内容相对集中。为方便农家书屋管理员操作管理和农村读者借阅,本着简单、实用的原则,原新闻出版总署农家书屋工程处建议将农家书屋图书分为政经、科技、生活、文化、少儿、其他六个大类。

■ **16.农家书屋图书是如何分类的?**

农家书屋图书政经、科技、生活、文化、少儿、其他六个大类的基本分类方法是:

政经类——哲学、社会科学总论、政治、法律、军事、经济等类图书;

科技类——自然科学总论、数理科学和化学、天文学、地球科学、生物科学、农业科学、工业技术、交通运输、航空航天、环境科学、安全科学等类图书;

生活类——医疗卫生、生活常识等类图书;

文化类——文化教育、语言文字、文学、艺术、历史、地理等类图书;

少儿类——各学科类别图书中的少儿读物；

其他类——丛书、百科全书、词典、年鉴等图书及无法确定类别的其他内容的图书。

■● 17.什么是马克(MARC)数据？

马克(MARC)数据，即"机器可读目录"，就是以代码形式和特定结构记录在计算机存储载体上的、用于计算机识别与阅读的目录。马克(MARC)数据可一次输入，多次使用。

马克(MARC)数据最早产生于美国，美国国会图书馆提出的 MARCⅡ 格式，被称为 US-MARC，即美国机器可读目录，是目前使用的各种机读目录格式的母本。这一格式字段数量多，著录详尽，可检索字段多，定长与不定长字段结合，灵活实用，保留主要款目及传统编目的特点，扩充修改功能强，并能在实践中不断发展完善，比较充分地照顾到图书馆书目数据在文献形式描述、内容描述、检索等方面的需要。国际图书馆协会联合会在 US-MARC 基础上制订了 UNIMARC，即国际机读目录通信格式，现在许多国家都采用 UNIMARC 进行文献编目。

■● 18.什么是中国机读目录(CN-MARC)？

中国机读目录(CN-MARC)是为方便中国国家书目机构同其他国家书目机构以及中国国内图书馆与情报部门之间，以标准的计算机可读形式交换书目信息，参照国际机读目录通信格式(UNIMARC)，研制和生产的中国国家标准机读目录。它收录的中国出版物包括图书、连续出版物、地图、乐谱、音像文献等，是建立中国文献数据库、开展文献检索服务和国际书目信息交换的重要数据资源。CN-MARC 格式为中国机读目录实现标准化、与国际接轨，从数据结构方面提供了保障。

19.综合卖场出版物如何分类？

综合卖场的出版物，一般是以《中图法》或其他分类法为基本依据，结合卖场经营的出版物品种、数量以及消费者购买习惯、社会热点等因素进行分类。虽然《营销分类法》本应是综合卖场出版物分类首选，但因种种原因，其使用范围仍不太广泛。不论采取哪种分类方法，都要做好以下几点。

一是科学制定年度销售陈列计划。销售陈列计划要紧密结合重大节日、庆典主题等，预测不同时间段出版物市场销售目标，科学安排上架陈列的重点出版物的比例。

二是有针对性地确定展示主题。要针对不同消费群体，关联组合不同种类、不同风格的出版物，并根据封面、规格、价格等有效搭配同类出版物。

三是坚持有利于消费者选购的原则。要搭配好那些试销的、可能畅销的、表现力强的、能提高卖场格调的出版物。

此外，还应做好各类出版物的分类陈列和内容涉及多类出版物的跨类陈列，最大限度方便消费者查找选购。

20.专业卖场出版物如何分类？

专业卖场出版物分类，一般是以《中图法》或其他分类法为基本依据，结合卖场专业特征，根据出版物发行的深度进行分类。不论采取哪种分类方法，都要做好以下几点。

一是科学制定年度销售陈列计划。销售陈列计划要根据不同时间段卖场出版物所涉猎专业的考试、培训等活动，预测市场销售目标额，科学安排上架陈列的重点出版物的比例。

二是有针对性地确定展示主题。针对该专业不同层次消费者，要有不同级别内容的出版物展示；按照封面、规格、价格等有效搭配同类出版物。

三是坚持有利于消费者选购的原则。要搭配好那些出版社重点推介、专业性较强、能提高卖场格调的出版物。

此外，专业店出版物发行分类陈列要讲究分区定位，力求简洁，搭配好出版物按内容进行的陈列和按封面进行的陈列。大型专业零售店最好在入口处配置布局图，方便消费者了解出版物区域分布。

21. 零售卖场出版物如何分类？

零售卖场出版物分类重点要结合自身经营规模、经营特色以及所面对的消费者的阅读和购买习惯，要清晰、明了、有特点。其基本做法是：

第一，选定出版物分类方法。要综合考虑卖场规模布局、经营出版物品种特色、消费者阅读购买习惯等因素，选择适合自身特点的分类方法。

第二，确定出版物分类结构。按照选定的出版物分类方法，根据柜组大小、经营规模、经营特色、所处地域、消费对象的不同，结合销售出版物的结构，合并或细分出版物类别。

第三，设计出版物分类标牌。按照出版物分类结构，设计制作用于设置在陈列柜、台等出版物陈列设备上的标牌，标牌要突出特色、美观大方、清晰醒目、利于导购。

第四，分类陈列出版物。按照选定的分类方法对出版物进行分类，并按要求陈列。

22. 书报刊亭出版物如何分类？

一般来讲，书报刊亭规模较小，出版物品种较少，因此，分类不必太过复杂，大多选择一种方法，按大类划分即可，甚至不需要摆放分类标牌。需要注意的是,一定要考虑书报刊亭规模小的实际,分类要尽量简单、明了,要充分利用有限的空间,尽量多地展示出版物,要将畅销、新到、重点推介的出版物优先摆放在突出位置。

■● 23.流动销售的出版物如何分类?

流动销售服务受场地、规模等影响更大,出版物品种非常少,针对的消费群体更狭窄,分类更加简单,甚至只需要做个大致的划分即可。需要注意的是,最好以发行员本人为中心,将出版物按其贵重程度,由内向外依次陈列,既便于取拿、销售,又可防止损坏、丢失。

■● 24.什么是出版物发行分类标识?

出版物发行分类标识是指根据不同出版物的特点,分别归类表明每一类出版物特征的一个记号。

■● 25.出版物发行分类标识的区分有哪些?

出版物发行分类标识的区分有三种,类分、级分和特分。其中,类分是出版物不同类别之间的区分,可以表现在柜组之间,也可以表现在柜组内部,比如:如果每一个柜组陈列一类出版物,那么柜组与柜组之间不同分类的标识就是类分;级分是出版物发行分类中不同级别的区分,主要表现在柜组内部,也就是在一个柜组一级类目之下的二级类目、三级类目的区分;特分就是根据出版物的特殊性进行的区分,没有固定的模式,比如一些热销、促销、特销的出版物,分类标识不一定要按照规范性分类法表示,有时甚至可以直接用书名展现。

第三部分
出版物发行人员和发行企业

一、出版物发行人员

■ 1.对发行人员有哪些基本要求？

第一，政治素质要高。要拥护党的领导，拥护党的路线、方针、政策，有正确的人生观、价值观，遵纪守法。

第二，业务能力要强。熟悉行业政策法规，熟悉出版物相关知识，熟悉发行工作流程，懂得市场营销方法和技巧，善于观察分析、协调沟通、交际应变，胜任本职，开拓创新。

第三，职业道德要好。爱岗敬业，吃苦耐劳，乐于奉献，服从领导，团结同事，有强烈的事业心、责任感。

■ 2.发行员仪表形象有哪些要求？

出版物发行员要服饰整洁、发型端庄、化妆恰当，仪态自然得体、高雅大方。

第一，外观形象要端正。发行企业选用发行员，特别是选用那些直接与客户接触的岗位人员时，一般都将容貌端正与否列为主要条件之一。

第二，衣着服饰要得体。发行员的服装要与出版物发行工作相适应，与不同时间、地点、主题的发行工作保持协调一致。发行企业为员工统一订制的工作装，要美观、雅观，显示文明、高雅的气质，既不过分宽松，也不过分瘦小，既不过分朴素，也不过分艳丽。

第三，出版物发行员的妆容修饰一定要自然大方、合乎常情。

3.什么是接待礼仪？

出版物发行员的接待礼仪，就是通过发行员的仪表、动作和语言体现出来的彬彬有礼的服务。优秀的出版物发行员肯定是那些举止大方、谈吐文雅和气、态度谦逊礼貌、动作敏捷文明的发行员。人们常说"礼多人不怪"，用亲切礼貌的语言同消费者交谈，更加容易取得消费者的好感，事半功倍地实现出版物"促销"。

4.接待礼仪有哪些基本内容？

第一，仪表。出版物发行员的仪表应做到容貌装扮整洁朴素、和谐稳重、美观大方，有气质、有风度，神情质朴庄重，精神饱满，给消费者以和蔼可亲的感觉。

第二，动作。发行员的动作，主要包括站姿、行姿、手姿和言谈等，一举一动、一颦一笑都应自然得体、庄重文雅。

第三，出版物发行员的语言一定要文明第一，回答消费者询问和介绍出版物时，要特别注意谈吐和修养。首先，态度诚恳亲切,声音大小适宜,语调平和沉稳;其次,要用敬语表示尊敬和礼貌。良好的语言表达,容易得到消费者的信任,使其愿意接受所提出的意见和建议。

5.什么是形体动作?

发行员的形体动作,就是指出版物发行员在服务过程中,通过其站、坐、行、蹲以及手势、眼神、表情等展现出来的直观形象。高水准、符合职业形象要求、适应社会交往礼仪标准的形体动作,展现出来的才是礼仪美。

6.发行员形体动作有哪些规范要求?

第一,站姿要端正。

要做到头正、肩平、挺胸、收腹、目光平视、表情自然等基本要求。

第二,坐姿要正确。

基本要领包括:轻稳入座、面带笑容、双目平视、嘴唇微闭、微收下颌,双肩平正放松,两臂自然弯曲放于膝上或椅子、沙发扶手上,挺胸,上体自然挺直,双膝自然并拢,双腿正放或侧放,坐满椅子三分之二以上,脊背轻靠椅背。

第三,蹲姿要雅观。

第四,手姿要协调。

出版物发行员在接待客人、介绍他人、推荐出版物、指引方位等时,手姿运用得体恰当,语言表达就会更直观、更形象、更富感染力。

第五,行姿要稳健。

7.出版物发行服务用语大致有哪些?

服务用语是发行员服务过程中的基本工具,发行员服务用语必须讲究语言艺术,根据岗位服务要求和特点,灵活掌握和运用。一般情况下,发行员服务用语大致有以下一些。

一是迎来送往。比如,开门迎客时说:"您好!""大家好!""女士好!""先生好!""女士早安!""过节好!""您好,欢迎光临!""欢迎您的光临!""见到您很高兴!"等等;送别他人时说:"再见!""慢走!""欢迎再来!""一路平安!""一路顺风!""保重!"等等。

二是征询应答。比如,"您需要帮助吗?""我能为您做点什么?""请随便看。""请慢慢看。""是这个吗?好!请您看一看。""是的。""好。""很对不起,我没听清楚,请重复一遍好吗?""对不起!请问贵姓?""对不起,请您留下地址好吗?""请问您需要哪一种?""我想,这个比较好,您看看。""我知道了。""好的。""随时为您效劳。""很高兴为您服务。""我明白您的意思。""我会尽量按照您的要求去做的。""一定照办。"等等。

三是致谢道歉。比如,"谢谢!""十分感谢!""谢谢您的理解!""谢谢您的支持!""有劳您了!""费心了!""上次给您添了不少麻烦。""让您操心了!""这是我的荣幸。""别客气。""这是我应该做的。""请多指教。""您太客气了。""您过奖了。""抱歉!""对不起!""对不起,让您久等了。""请原谅!""失礼了!""失陪了!""失迎了!""不好意思!""请多包涵!""真过意不去!""实在抱歉!马上为您退换。"等等。

四是收银开票。比如,"您好!欢迎光临。""您拿的是×元钱。""您拿的钱正好。""对不起!因为您使用的是信用卡付款,请稍等一会。""应找补您×元,请清点一下。""谢谢!请收回您的信用卡(票据)。""对不起!我立刻核查一下,请稍等。""让您久等了,我们经过核查,收您×元,已找补×元,没有错,请您再仔细回忆一下好吗?""实在抱歉,是我的失误,耽搁您的时间,请您原谅!""对不起!请大家依次排队,我尽量把收款速度加快点,谢谢合作!""这是找补给您的钱和票据,欢迎再次光临!"等等。

8.出版物发行服务禁忌用语大致有哪些?

出版物发行服务用语切忌语气急躁、简单、粗暴、生硬、轻慢,否则,既会丧失顾客资源,也影响行业和自身形象。比如,"喂,你找什么?""不知道!""抓紧时间,快下班了!""自己找吧,我还有别的事。""到底想不想买?""挑够了没有?""没有就是没有!""公司就是这么定的,有疑问找我们经理去!""着什么急呀?""喊什么喊?""等着!""废话!""别乱动!""真麻烦!""你到底想买什么?""你问我,我问谁去?""刚才不是跟你说了吗,怎么又问?""你知道吗?""你见过吗?""看清价格再说。""你买得起吗?""没有!啥时候有就不知道了。"等等。

此外,"喂""哎""怎么啦"等不礼貌用词和其他粗话、脏话、人身攻击、触犯宗教民族禁忌以及可能引起顾客生气、尴尬的言语也不能使用。

9.营业前应做好哪些服务准备?

开门营业前,要做好人员、物资和环境三个方面的服务准备。

第一,人员的准备。仔细检查出版物发行员的仪表和行为规范,督促出版物发行员严格遵守上下班时间,不迟到,不无故缺勤,不私调班次,着装整齐洁净,标牌佩戴到位,精神热情饱满,微笑迎候消费者到来。

第二,物资的准备。主要是检查宣传广告、出版物上架陈列和服务措施的准备情况,特别是书架、书柜、书台等,重点查看是否有出版物短缺、堆积不符合要求、出版物上架陈列不稳等情况,对短缺出版物及时补充,对其他问题及时解决。

第三,环境的准备。一是检查环境卫生,特别要做好店堂、业务设施、办公室、库房、营业场所周边环境的清洁卫生。二是检查灯光照明设备,要确保照明能够清楚显现出版物,展现出版物魅力,吸引消费者进入,达到促销目的。至少要保证基本照明。三是准备背景音乐,按照悦耳动听、吸引消费者注意、愉悦消费者心情、有益出版物销售的要求,准备那些柔和的、节拍稍慢的轻音乐。

10.营业过程中的接待有哪些技巧?

营业过程中发行员的接待要重点把握好三点:接待热情、业务熟练、精力集中。

第一,接待要热情。出版物发行员要主动迎接消费者,按发行员礼仪要求,热情大方地招呼消费者,讲好接待过程中的每一句话。要注意观察和揣摩消费者的身份、爱好和来意,有的放矢地推荐介绍出版物。

第二,业务要熟练。一是对出版物要熟悉,出版物发行员平时要多看、多学、多问、多记,注意积累,拓展知识面,经常阅读出版物目录、熟记出版物名称、作者、出版社以及著名作家的代表作,以提高服务质量和对出版物的鉴赏力。二是操作要熟练,配递迅速,收账计算准确,出版物当面点清,量大时可请其他发行员一起复核。三是打包要熟练,尽量按消费者要求妥善包扎出版物,做到美观、牢固。四是开票要仔细,开具的票据字迹规范,收款找零唱收唱付,并双手将零钱递到消费者手中。

第三,精力要集中。要时刻注意观察消费者,接待完一位消费者后,立刻准备接待下一位消费者,做到"接一、问二、联系三"。要认真倾听和答复消费者的提问,千万不能眼光游弋,心不在焉,问牛答马。

11.营业结束时有哪些接待技巧?

作为出版物发行员,每次上岗营业一定要从头到尾、自始至终保持良好的接待礼仪,做到善始善终。

一是打烊提醒方式要得当。营业时间结束前15～30分钟,门店应通过广播通知或出版物发行员语音提醒等方式提醒顾客打烊时间,广播提醒表达方法要得当,发行员提醒要声轻、委婉,千万不能生硬轰客。不能在顾客尚未离店时就打扫卫生或关灯,不能提前撤离营业场所。

二是对特殊情况的处理要人性化。若在营业结束时,尚有顾客没有离店,一定要留下一名或几名发行员接待。对离店不太方便的老年人、残疾人和购买出版物较多的顾客,应主动提供帮助和服务。

三是顾客离店送别要礼貌。顾客交款完毕离开时,收银员及顾客离开路线上视力范围内的其他发行员,要面带微笑,目视顾客,致谢道别,直至送走最后一名顾客。

12.门市(店堂)服务应重点注意些什么?

门市(店堂)服务的发行员,在注重接待礼仪的同时,还应注意揣摩消费者意图、做好出版物推介。

第一,揣摩消费者意图。一旦消费者步入货物陈列区,出版物发行员就要注意观察,要通过消费者的动作,比如其下意识寻找出版物、突然在某类出版物前停住脚步、触摸某出版物等,判断消费者是否有购买意图。如果感觉消费者只是浏览,就以自然、关注的表情目视消费者;如果感觉消费者有购买意图,就要找准时机主动接近,热情推介,做好接待。

第二,做好出版物推介。推介工作做得好,仅有浏览之意的顾客可能也会成为消费者。因此,对于对某出版物表现出兴趣的消费者,出版物发行员要很专业地向其展示、介绍出版物,正确回答消费者的提问,询问了解消费者需求。同时,要从消费者角度考虑问题,不能一味为了出版物销售而损害消费者利益。

13.摊亭服务应注意些什么?

摊亭服务销售网点一般面积都较小,所售出版物以报纸、期刊为主,有的摊亭也有少量图书,因此要特别注意以下几点。

第一,要选好出版物。到摊亭服务销售网点选购出版物的消费者,其需要的出版物大都是内容贴近大众、贴近百姓的,时效性较强,无须太专业,很有针对性。

第二,要摆放好出版物。出版物摆放要便于消费者翻阅,基本能让消费者一目了然。

第三,要搞好"一站式服务"。摊亭出版物销售一手交钱一手交货,发行员取递出版物时一定要迅速,价格计算要准确,收钱找零要无误,接待态度要和蔼,迎来送去要有声。通过热情周到的服务,把每一位消费者培养成摊亭的"常客"。

14.流动服务应注意些什么?

近年来,为方便人民群众选购出版物,很多发行企业开展了出版物进校园、进社区、进企业、进农村等多种形式的流动销售服务。流动销售服务不需要固定的场所,但针对性很强,服务过程中要特别注意以下几点。

第一,选择出版物要有针对性。流动销售服务本身是针对有需求的具体消费群体而进行的上门服务,销售的出版物一定要对路。比如,到校园销售要侧重选择教师、学生适用的书籍,到社区销售则要侧重选择休闲养生等普通民众关心的内容的书籍,等等。

第二,摆放出版物要方便选购。流动销售场所有的是临时摊点,有的是流动车辆,一定要结合实际条件,以方便消费者翻阅选购为原则,科学合理陈列出版物。

第三,接待消费者要热情周到。要热情接待每一位消费者,耐心解答各种问题,做到百问不厌、百拿不烦。同时,要眼观六路、耳听八方,动作灵敏大方,取递熟练迅速,价格计算准确,收钱找零无误,包扎装袋麻利,一边宣传一边销售。

15.开架销售服务应注意些什么?

出版物开架销售,就是对出版物以超市模式进行销售。开架销售方式既顺应消费者购物心理,也方便消费者翻阅选购,有条件的发行企业,一般都采用开架销售。由于开架销售是不设售货员的销售,因此,出版物发行企业要加强管理,落实责任;出版物发行员更要主动服务,做好接待。开架销售服务大致有三个方面的内容。

第一,要做到"三定"。一是定人,要根据门市书架的多少、销售情况的好坏,甚至不同区域的忙闲情况,合理确定出版物发行员人数。二是定岗,要根据部门、柜组、书架、柜台以及店堂口、楼梯口、服务台等设置情况,按实际工作需要,对发行员、导购(接待)等所有人员进行定岗。三是定责,要根据每个不同部门、区域和岗位,科学界定区域范围和岗位责任,确保每一项工作、每一项服务都责任到岗、责任到人。

第二，要做到"四勤"。一是眼要勤，要通过观察消费者，及时发现其需求，主动提供针对性服务。同时，还要随时注意整个卖场的情况，以便及时发现、报告、处理突发情况。二是口要勤，要以礼貌、恰当、消费者容易接受的方式保持与消费者的交流。通过交流，既可宣传推广最新出版物、重点出版物，也能随时提醒消费者，减少出版物污损和丢失。三是手要勤，及时发现出版物掉落、串架（台）或其他不整齐、不规范的情况，及时整理书架、书台、书堆等，摆正戳齐出版物，随时注意出版物的填缺补漏，确保出版物整洁。四是腿要勤。要在所定岗位范围内，勤走动，多观察，及时发现情况，及时处理问题，特别是消费者较多、人流量较大的时候，更要加强疏导，确保安全。

第三，要建章立制。要通过制定和落实奖罚具体的岗位责任制等管理制度进行管理，加强带班巡查，规范岗位考核，确保管理有序、运转正常。

16.如何了解消费者需求？

了解消费者需求，首先得了解消费者的性格类型。从消费者控制能力和交际能力两个方面来讲，消费者一般有四种性格类型。

一是主观型。这种消费者常被认为缺乏"耐心"，重点感兴趣的是所购产品能否满足其所需的最低标准。发行员接待这种类型的消费者时，要对消费者的提问很快答复，且言辞简单明了，切中要害。

二是情感型。这种消费者不一定重视产品的性能，重点关注的是产品是否符合他的身份。发行员接待这种类型的消费者时，要注意以轻松愉快的方式交流，答复问题要尽量与消费者购买意愿、认知观点保持一致。

三是分析型。这种消费者习惯精心筹划,重点关注的是产品的实用性。发行员接待这种类型的消费者时,要对出版物质量做出应有的承诺,并给消费者以充分考虑的时间和适当的鼓励,千万不能操之过急。

四是随和型。这种消费者极易相处,容易接受别人的意见。发行员接待这种类型的消费者时,要把处理好人际关系放在首位,当然,也要对出版物质量做出应有的承诺。如果消费者有人同行,最好侧面说服同行者,因为这类消费者很愿意听随同人员的意见。

知道了消费者类型特征,又该如何了解每位消费者属于哪种类型呢?这就需要通过长期的观察、积累和思考了。通常,有以下四种方法。

一是看。看消费者服饰、举止,对消费者层次大致有个初步概念;看消费者进店后的走向,那可能代表其购买意向;看消费者眼神、视线或者手中之物,那可能代表他对出版物的兴趣类型;看消费者面部表情,那代表他对你的介绍是否满意,对你的观点是否赞同,等等。

二是问。一方面,出版物发行员要主动询问消费者需求,但提问不要太多,不要让消费者产生被审问的感觉;另一方面,出版物发行员要认真回答消费者的询问,从问答中了解消费者。

三是听。一定要聆听,认真、用心去听。要听出消费者关心的重点,要适当恭维和鼓励,要找到切入点给予认同,不要随意打断消费者的话。

四是思。就是要思考,要对看、问、听得到的信息进行综合分析,从而判断消费者类型,采取有针对性的推销策略,实现既让消费者满意，又成功销售出版物的双赢目的。

■ 17.如何做好导购服务？

消费者购买出版物是否满意主要体现在四个方面：期望值、感知的出版物价值、感知的服务价值、购买成本。导购服务一定要围绕这四个方面开展。出版物发行员首先要具备相关基本知识，包括企业知识、出版物知识、营销知识、心理学知识、公关礼仪知识等，这样才能做好导购工作。具体导购过程中，重点要做好三方面的工作。

第一，接待热情周到。消费者到来后，发行员要礼貌接待，并尽快与顾客交流，表现形象要专业。同时，接触的过程中，要与消费者保持一定距离，给消费者留出自己的空间和时间，并兼顾消费者的同伴。

第二，沟通诚心实意。做到接触顾客有信心，观察顾客要留心，关心顾客要真心，与顾客沟通有耐心，对待异议要用心。要通过与消费者的沟通，掌握消费者心理，针对消费者需求，提出合理化建议。

第三，成交水到渠成。看准时机，巧妙促成购买。同时，做好开单、付款、欢送顾客等工作，让消费者满意而归。对消费者做出是否购买的决定要抱平常心态，良好的印象自然会促成下次的买卖。

■ 18.如何做好咨询服务？

咨询服务就是为消费者提供答难释疑的服务。一般来讲，咨询服务有三种方式：一是发行员直接作答，二是设立专门的服务台，三是建立登记本。无论采用哪一种方式，让消费者满意都是咨询服务的落脚点。

第一,发行员直接作答。一般比较小的门店采用这种方法,以节约成本。采用这种方法要求出版物发行员一定要熟悉门店和出版物情况,掌握与出版物有关的知识和技能,回答消费者要态度热情,语气委婉,实事求是。

第二,设立专门服务台。很多中、大型的发行企业一般采取这种方法,通过设立总服务台、咨询台、消费者接待室等,为消费者提供咨询和导购服务。有的甚至延伸到提供小孩推车、残疾人轮椅、礼品包装、代办业务、消费者留言、广播寻人等多项人性化服务。

第三,建立登记本。主要是缺书登记本、意见建议簿等。如果消费者需要的出版物一时没货,在做好耐心解释工作的同时,可通过登记在册、预留电话等形式,在有货时及时通知消费者,或为消费者提供电话咨询等服务。对于消费者提出的意见建议,一定要择优采纳,并对提出意见建议的消费者表示感谢。

19.推介出版物重点要做好哪些工作?

一是了解出版物。只有对出版物有深入的了解,才能有针对性地为消费者进行推介。发行员在推介出版物前,首先要对出版物有较为全面深入的了解,包括作者、出版社、出版物主要内容、业界影响、社会反响、版本以及与内容相关相近的其他出版物的区别和联系,甚至作者的基本情况、研究写作方向、还有哪些知名作品,等等。

二是了解消费者。按照前面讲到的方法,通过观察、询问、交谈等了解消费者需求,综合判断消费者购买意图,根据消费者购买意图,有针对性地向消费者介绍、推荐出版物。否则,出版物推介就会与消费者意图南辕北辙,甚至适得其反。

20.如何开展出版物预订?

发行企业开展的出版物预订工作,既可提前为出版物发布促销信息,也能为企业备货提供信息依据。出版物预订工作一般有三个步骤。

一是传递出版信息。出版物出版前,要尽早将有关信息传递给消费者。对熟客、常客,或预约购书提前留下联系信息的消费者,可采取电话、短信、QQ、电子邮件等形式通知;对普通消费者,可通过在门市张贴广告或其他方便的媒体形式通知预约。

二是办理预订手续。按照通知约定的方式,办理预订手续,预订一般采取信用预订和收费预订两种方法。信用预订不预收货款,消费者支付通知过程中产生的成本费,出版物出版后凭通知单购买;收费预订需预收部分或全部货款,出版物出版后凭相关凭证领取出版物。多卷集出版物预订,可分卷、分集收款,或销售上卷(集)时预收下卷(集)货款,也可预收全部货款。

三是到货及时通知。出版物出版后,发行企业要及时通知已有预订的消费者,并按预订品种数量优先供应,千万不可言而无信,随便将已经预订的出版物卖与他人。

21.如何进行缺货代办?

出版物缺货代办是发行企业为培育稳定的消费群体而开展的方便消费者的一项服务。缺货代办要注意三点。

一是要定人负责。发行企业要确定专人负责缺货代办服务,避免代办过程中出现差错和失误。

二是要做好登记。要建立专门的售缺出版物登记台账,及时登记消费者需要的已经售缺的出版物,并交相关部门人员采购。

三是要及时反馈。出版物到货后,要及时通知消费者前往领取或购买;如确实解决不了,要及时将情况反馈给消费者。

■● 22.如何做好配套供应?

出版物配套供应,就是根据销售需要,把按单册(盘、集)分开定价的多卷(盘、集)出版物组合起来成套销售。但这并不等于必须成套销售,如果消费者出于补缺配套的需要,只需购买其中某一卷(盘、集)时,只要单册(盘、集)有定价,就应以方便消费者为原则,拆零出售。

■● 23.如何对待摘抄资料的消费者?

近年来,在大多数实体书店特别是新华书店,随时都会看到许多读者到书店后不一定购买出版物,仅仅阅读甚至摘抄资料,实体书店在一定程度上履行了公共图书馆的职能。对待这部分读者,发行企业和发行员一定要有正确的认识,培育阅读习惯正是培育潜在的消费者。因此,发行企业要尽量为这些读者阅读和抄录提供方便。一些明智的发行企业甚至开辟了专门的阅读体验区,延伸提供茶饮、咖啡、复印等增值服务。

■● 24.如何发展基本消费者?

发行企业发展基本消费者包括两个方面的内容。

一是巩固已有消费群体。发行企业在经营过程中,要通过自身的优质服务,如:定期寄送目录、传递信息,提供代订、代查、代找出版物,送货上门等,与一部分消费者建立长期的供销关系。对这部分消费者不仅要信守承诺,还应给予优惠,确保关系稳定。

二是发展新的消费群体。近年来,从国家相关部门公布的全民阅读方面的数据来看,我国公民阅读习惯尚未全面养成,阅读还没有真正成为人们日常生活的需要。因此，发展新的消费者，首先需要培育消费者的阅读习惯。要通过举办签名售书、新书发布、读书讲座等形式多样、丰富多彩的活动，培养消费者的阅读兴趣，吸引消费者读书、购书。

二、出版物发行企业

1. 出版物发行企业有哪些种类？

按现行有关法律法规规定，出版物发行企业主要包括出版物批发企业、出版物零售企业这两类。

2. 什么是出版物批发企业？

出版物批发企业，就是从事出版物批发业务的企业。

3. 什么是出版物零售企业？

出版物零售企业，就是从事出版物零售业务的企业。

4. 设立出版物批发企业需要哪些条件？

《出版物市场管理规定》第七条规定，单位从事出版物批发业务，应当具备下列条件：

（一）已完成工商注册登记，具有法人资格；

（二）工商登记经营范围含出版物批发业务；

（三）有与出版物批发业务相适应的设备和固定的经营场所，经营场所面积合计不少于50平方米；

（四）具备健全的管理制度并具有符合行业标准的信息管理系统。

其中，经营场所是指企业在工商行政主管部门注册登记的住所。

同时，第八条规定，单位申请从事出版物批发业务，可向所在地地市级人民政府出版行政主管部门提交申请材料，地市级人民政府出版行政主管部门在接受申请材料之日起10个工作日内完成审核，审核后报省、自治区、直辖市人民政府出版行政主管部门审批；申请单位也可直接报所在地省、自治区、直辖市人民政府出版行政主管部门审批。

5.申请从事出版物批发业务需要提交哪些申请材料？

《出版物市场管理规定》第八条规定，申请从事出版物批发业务需要提交以下材料：

（一）营业执照正副本复印件；

（二）申请书，载明单位基本情况及申请事项；

（三）企业章程；

（四）注册资本数额、来源及性质证明；

（五）经营场所情况及使用权证明；

（六）法定代表人及主要负责人的身份证明；

（七）企业信息管理系统情况的证明材料。

6.设立出版物零售企业需要哪些条件？

《出版物市场管理规定》第九条规定，单位、个人从事出版物零售业务，应当具备下列条件：

（一）已完成工商注册登记；

（二）工商登记经营范围含出版物零售业务；

（三）有固定的经营场所。

同时，第十条规定，单位、个人申请从事出版物零售业务，须报所在地县级人民政府出版行政主管部门审批。

7.申请从事出版物零售业务需要提交哪些申请材料？

《出版物市场管理规定》第十条规定,申请从事出版物零售业务需要提交以下材料：

（一）营业执照正副本复印件；

（二）申请书,载明单位或者个人基本情况及申请事项；

（三）经营场所的使用权证明。

8.设立外商投资出版物发行企业需要哪些条件？

《出版物市场管理规定》第十四条规定,国家允许外商投资企业从事出版物发行业务。

设立外商投资出版物发行企业或者外商投资企业从事出版物发行业务,申请人应向地方商务主管部门报送拟设立外商投资出版物发行企业的合同、章程,办理外商投资审批手续。

申请人持外商投资企业批准证书到所在地工商行政主管部门办理营业执照或者在营业执照企业经营范围后加注相关内容,并按照《出版物市场管理规定》第七条至第十条及第十三条的有关规定到所在地出版行政主管部门履行审批或备案手续。

9.设立从事出版物发行的书友会、读者俱乐部或者其他类似组织需要哪些条件？

《出版物市场管理规定》第十六条规定,书友会、读者俱乐部或者其他类似组织申请从事出版物零售业务,按照本规定第九条、第十条的有关规定到所在地出版行政主管部门履行审批手续。

10.设立出版物临时销售点有哪些要求？

《出版物市场管理规定》第十七条规定,从事出版物发行业务的单位、个人可在原发证机关所辖行政区域一定地点设立临时零售点开展其业务范围内的出版物销售活动。设立临时零售点时间不得超过10日，应提前到设点所在地县级人民政府出版行政主管部门备案并取得备案回执，并应遵守所在地其他有关管理规定。

备案材料包括下列书面材料：

（一）出版物经营许可证和营业执照正副本复印件；

（二）单位、个人基本情况；

（三）设立临时零售点的地点、时间、销售出版物品种；

（四）其他相关部门批准设立临时零售点的材料。

11.出版物发行单位设立不具备法人资格的发行分支机构需要哪些条件？

《出版物市场管理规定》第十八条规定，出版物批发、零售单位设立不具备法人资格的发行分支机构，或者出版单位设立发行本版出版物的不具备法人资格的发行分支机构，不需单独办理出版物经营许可证，但应依法办理分支机构工商登记，并于领取营业执照后15日内到原发证机关和分支机构所在地出版行政主管部门备案。

备案材料包括下列书面材料：

（一）出版物经营许可证或者出版单位的出版许可证及分支机构营业执照正副本复印件；

（二）单位基本情况；

（三）单位设立不具备法人资格的发行分支机构的经营场所、经营范围等情况。

12.变更出版物经营许可证登记事项应履行哪些手续？

《出版物市场管理规定》第十九条规定，从事出版物发行业务的单位、个人变更出版物经营许可证登记事项,或者兼并、合并、分立的,应当依照本规定到原批准的出版行政主管部门办理审批手续。

申请材料包括下列书面材料:

(一)出版物经营许可证和营业执照正副本复印件;

(二)申请书,载明单位或者个人基本情况及申请变更事项;

(三)其他需要的证明材料。

13.终止出版物经营活动应履行哪些手续?

《出版物市场管理规定》第十九条规定,从事出版物发行业务的单位、个人终止经营活动的,应当于15日内持出版物经营许可证和营业执照向原批准的出版行政主管部门备案,由原批准的出版行政主管部门注销出版物经营许可证。

第四部分
出版物进货、储运和管理

一、出版物进货

■ 1.购进出版物一般要注意把握哪些原则？

第一,质量第一,精品至上。要注重把好出版物的内容和质量关,千万不能购进内容不好、质量低劣、粗制滥造的出版物和违禁、非法出版物。在同一种类的出版物中,要以常销、长销、畅销、常备为标准,尽量选取精品,同时,还要注意出版时间、印装质量、图书定价、购销折扣等。

第二,按需订购,兼顾品种。选购的出版物要符合目标市场需要,一边组织货源,一边关注销售市场,随时把握销售情况,了解读者客观需要,确保精准进货。此外,进货品种一定要丰富,以满足消费者多元化的需求。当然,每一个品种要购进适量,进货品种与数量最大可能符合目标市场消费者需求,力争供求基本平衡。

第三,统筹供需,讲求效益。进货时,既要结合出版物内容考虑目标市场消费者的文化层次、购买能力,还要兼顾各类出版物进货比例,在保证重点需求的同时,照顾一般需求,必要时,还要满足某些特殊需求。此外,还要特别注意降低进货成本,保持合理的出版物周转次数和存货结构,勤进快销,少进勤添,尽量减少仓库占压、资金积压和人工浪费,提高经济效益。

2.如何尽可能减少进货工作失误?

首先,要搞好市场调查。出版物进货人员要通过多方面的观察、分析和调研,了解目标市场需要的实际情况,把握市场动态,做到心中有数。

其次,要收集分析信息。出版物进货人员平时就要注意积累业务资料和信息收集,比如同类出版物销售、存货、退货资料,比如目标市场相同或类似出版物满足程度资料,比如读者阅读习惯、爱好、倾向等等,通过对这些资料信息的分析,做出准确的进货判断。

最后,要坚持群众路线。确定进货品种前,一定要充分听取一线柜组、摊亭、主管发行员、库管人员的意见,特别是对重点品种、学术著作、科技著作,还要尽量向懂行的专家学者请教。只有这样,才能减少进货工作的失误。

3.供货渠道有哪些类型?

我们常说的供货渠道也就是进货渠道。一般来讲,根据采供双方所采取的不同的合作方式,出版物发行企业的供货渠道按合作时间可分为短期型、长期型,按合作深入程度可分为渗透型、联盟型,等等。

短期型——采供双方的关系就是单纯的交易关系,双方都希望做成买卖,都希望获得利益。在具体交易过程中,双方重点关注的是如何谈判,如何获得阶段性益利,基本不关心或很少关心如何改善自己的工作,如何实现双方共赢。因此,这一类型供货渠道的最大特点是利益短期性、交易临时性,业务量一般来说不会很大。

长期型——采供双方都认为,长期保持合作伙伴关系十分重要。正因如此,双方都有可能为了共同和长远利益而主动改进自己的工作,甚至还能建立起超越采供关系的其他方面的合作。一般来讲,双方都能主动想办法降低成本,提高竞争力。建立长期型的供货渠道,对于采供双方来讲,是比较理想的合作模式。

渗透型——实际上就是发展得更为深入的长期型。当采供双方合作深入到一定程度的时候,互相参与对方的业务活动,供货方生产的产品与市场需求结合得更为紧密,采购方也能对供货方生产的品种提出有针对性的建议。因此,建立这一类型供货渠道的最大特点是双方利益趋同,相互将对方看成自己的延伸,有的甚至相互投资、相互参股,等等。

联盟型——实际上就是发展得最为深入的长期型。建立联盟型供货渠道的采供双方,大多会采取资本联结或全面合作的方式,实现双方在供货链上的紧密合作,采供双方都会从更长的链条上管理和协调关系。这种类型的关系,往往需要采供双方有更深层次的合作。

4.出版物进货的主要渠道有哪些?

一般来讲,出版物进货的主要渠道就两条,一是生产商,也就是出版单位,包括图书出版社、报社、期刊社、电子音像出版社,等等。二是批发商,也就是出版单位之外的拥有批发权的发行企业,包括省、自治区、直辖市新华书店,邮政报刊发行局,各级基层新华书店以及其他出版物批发单位。

■● 5.选择供货渠道的方法有哪些?

科学地选择供货渠道,对于实现出版物流转良性循环,达到预期目标,起着非常重要的作用。进货人员在熟悉和掌握供货渠道的同时,首先要明白自身企业的经营规模、目标、模式、所经营的出版物类型,再根据自身企业的特点组合进货渠道。一般来讲有以下方法。

一是招标法。采购出版物数量较大、市场竞争激烈时,一般采取这种方法。出版物招标采购的具体方法后面介绍。

二是研判法。采购人员通过征询有关各方意见,进行市场调查,并在准确掌握包括经营状况、出版物结构、服务范围等能具体反映供货商能力与货物质量的大量一手资料的基础上,进行分析判断,择优选择供货渠道。

三是比较法。重点是进货成本的比较,事先测算从各个不同供应商处了解到的进货成本,综合计算、分析,选择成本较低的进货渠道,一定要注意综合分析,不能仅限于经济指标。比如,在重点考虑出版物价格、采购费用、运输费用等的同时,还要比较考虑出版物质量、售后服务,甚至是否会影响长期合作关系和长远利益等等。

■● 6.如何做好集中进货管理?

有多家销售门店的大型出版物发行企业或出版物连锁经营企业,一般都要设立专门的、统一负责出版物进货的部门,实行集中进货,比如新华书店。这些企业通过集中进货实现规模化经营,通过集中进货实现统一配送、统一核算、统一促销策划,发挥企业优势。一般来讲,集中进货要注意做好以下管理。

一是要注重制度建设,规范进货行为。实行集中进货,一定要制度先行,通过制度规范进货各个环节,约束业务人员进货行为,营造良好的交易秩序。

二是要注重降低出版物运营成本。物流统一配送必然要求集中进货,因此,要对进货和配送都实行集约化管理,才能有效地降低出版物发行运营成本。

三是要注重提高业务人员谈判议价的能力。大批量进货,能在出版物数量规模效应下,最大限度地享受进货价格优惠,有效保证企业的价格优势地位,也能很好地满足消费者物美价廉的心理需求。

7. 分散进货一般采取哪些形式?

我们这里所讲的分散进货,是指有总部的发行单位将出版物进货权按一定方式分散到不同部门或连锁门店,由不同部门或连锁门店在一定范围内,直接向供货商购进出版物的进货方式。一般来讲,有两种实施方式。

一是部分分散的进货方式。出版物发行企业总部对各门店销售的诸如地方性教辅材料等地域性强的出版物,由各连锁门店自行组织进货,由企业总部对其他常销、长销、常备、畅销等出版物集中进货。部分分散的进货方式灵活性较强,不同门店可根据自身特点制定弹性营销策略。

二是完全分散的进货方式。出版物发行企业总部根据自身企业构架、门店分布、销售方式等情况,将所有出版物的进货权下放给部门或门店,由部门或门店根据自己的情况灵活进货。

完全分散进货的最大优点是能迅速把握消费者的阅读需求,利于竞争。

■● 8.单店进货一般采取哪些形式?

单店,就是指一个单独的出版物发行门店。在这样的门店里,出版物进货常由一个人或一个部门负责,由于进货量较小,所以配送成本较高,积压风险较大。因此,需要根据自身情况,确定最优进货形式。一般来讲,有以下几种形式。

一是由经理本人全权负责。这种店一般较小,大都是私营店,出版物进货的权力完全集中在经理手中,其他人可能有建议权,也可能没有。进货权包括选择供货商、决定购进的时间和数量等等。

二是由专门的进货部门负责。这一般是大一点的企业采用的方式,分工比较明确,出版物进货权力放给进货部门,由进货部门根据市场销售情况进行进货。

三是由销售、进货部门共同负责。这一般也是大一点的企业采用的方式,销售部门负责提供出版物销售、促销情况,拿出进货品种数量基本意见,进货部门根据销售部门的意见,结合库存、进货周期等其他情况进行调整,形成最后的进货安排。

■● 9.进货需要把握的基本要领有哪些?

进货是一门学问,直接影响销售,进货人员在实践过程中一定要勤于思考、善于总结。一般来讲,进货要把握以下要领。

一是要跟踪了解消费者的阅读需求。消费者的阅读需求就是进货的风向标,因此,一定要通过跟踪了解消费者的需求来决定购进出版物的品种和数量。了解消费者阅读需求的方法很多,最重要的就是要定期分析出版物销售结构,比如,建立联系卡、会员卡，设立意见簿等，通过收集、整理、研判这些信息，准确预测并购进品种对路、数量适当的出版物。

二是要注意比较出版物。不同的出版物其适用的地域、行业、等级不一样，针对的目标消费人群的阅读习惯、购买能力有差别，销售的时间周期有长短，等等。另外，有的出版物或同名称不同内容，或内容相似名称不同，或同名称不同著译者，或同名称同内容不同装帧和定价，或同品种不同对象，等等。因此，比较出版物，不能只比较征订目录，一定要做全面、深入的比较。

三是要注意比较供货商，择优选择进货渠道。在确定了进货品种、数量、质量之后，为了得到最优惠的价格和服务，可以要求供货商先提供价格表和优惠服务条款，然后进行比较，从中挑选合适的供货商。一般来讲，初次合作成本较高，所以，一定要慎重选择，力争将一次合作发展成为长期合作、深度合作，这样的话，逐渐就会得到供货商更多的优惠，实现双赢。

四是要注意选择付款方式。规模不大、实力不太雄厚的发行企业，最好能够通过谈判，让供货商提供账期，也就是说，约定在进货后某一时间内付款。对于中小型发行企业而言，账期付款可避免一定的风险，加速资金周转。当然，账期付款一定要付款及时，讲求信誉，以便实现长期合作、深度合作。

此外，作为企业内部的经营计划，进货计划一定要保密，否则，一旦提前泄露，就可能会造成进货谈判的被动。

10.进货的基本流程有哪些？

第一步，收集分析市场信息。这是最重要的一步，所以一定要认真、全面地梳理出版物目录内容，研判出版物作者、内容、装帧、定价、出版时间、发行折扣、购销形式、发行范围、消费者对象等,对所订出版物有较为准确的认识。同时,要全面调查分析市场需求,汇总各方意见,为进货决策提供参考。

第二步,审核订单,做出决策。将各门店、各部门提出的零售订购数量和从不同渠道得到的消费者预订数量汇总,组织进货人员或相关部门负责人审核分析。同时,根据购销形式、已有库存、计划备货等其他因素,做出进货决策。

第三步,谈判签约。做出进货决策后,接下来就要与供货商谈判和签约,这一步也非常关键,直接关系到优惠程度与进货成败。一般来讲,大型发行企业或连锁经营企业,通常采取集中谈判的方式;小型发行企业或零星进货,通常是谈品种和折扣,以订单的方式进货。谈判成功后即可签约。

第四步,验收付款。谈判签约后,供货商开始供货,采购方一定要核对进货合同,对到货出版物进行认真验收,违约情况要及时反馈给供货商。采购方根据合同约定,在签约结束或供货开始、供货到一定程度或全部结束时,要进行货款支付,不论什么时候支付货款,采购方都一定要信守承诺,按约支付。

第五步,后续工作。上面四步结束后,就已基本完成一次进货流程,但从企业科学管理、长远发展的角度看,还要对当次进货进行整体分析总结,以便在以后的进货工作中扬长避短,同时,将有关档案资料梳理归档,以备查阅。特别是进销货清单等有关非财务票据,一定要妥善保存两年以上,否则,按照《出版物市场管理规定》,会被警告并处3万元以下罚款。

11.如何收集进货信息?

收集进货信息是把握出版物市场动态的必要环节,对于科学、准确地制定进货计划,实现预期销售目标至关重要。因此,收集进货信息是进货人员的基本功，一般采取以下办法。

一是建立信息系统。就是以实现企业管理目标为着力点，建立持续收集出版物市场信息的系统，通过设计数据模式、明确调查内容、开展市场调查、调查数据校验、结构化归纳储存等程序和环节，全面准确把握出版物市场信息。发行企业建立信息系统，有利于提高信息使用效率，提升整体管理和业务服务水平。但由于收集内容不易确定，储存比较复杂，工作量往往很大。

二是通过业务调查。就是根据自己进货业务的要求，通过设定调查目标、明确调查内容、开展调查工作、校验调查结果等程序和环节，围绕进货收集信息，以满足业务需要。不过，由于这种方法很难形成一个整体系统，容易造成数据的重复或遗漏。

三是集中归纳梳理。一方面要集中，就是想方设法把大量的市场信息按目的汇集起来，做到既能反映整体又能反映某方面的情况和问题。另一方面要归纳梳理，就是要重点把反映市场销售的信息集中在一起，加以全面、系统的归纳梳理，完整、清晰地呈现出版物消费市场变化的全貌，为进货决策提供依据。

12. 如何制定进货计划？

制订进货计划一般有以下几个步骤。

一是准确定位。就是根据不同出版物的不同特性，确定其经营位置。定位方法很多，要根据情况自行选择。比如，针对不同的消费群体调整购进出版物的结构，在学校集中的地区开书店，就要多经营教育类出版物。又比如，针对书店本身的定位调整购进出版物的结构，是科普读物专卖店就多购进科普读物，是文学期刊专卖店就多购进文学读物，等等。但总的来说，市场业绩是最基础、最根本的标准。

二是合理组合。就是合理确定你所经营的出版物的结合方式。首先要清楚自身条件，如门店面积多大、交通是否便利、周围有哪些商业等。其次，要了解出版物市场需求，要重点结合时政趋势、季节变化、经济背景、消费群体、消费习惯等。第三，要明白自己在市场竞争中所处的位置，如果购进的出版物将要遇到强大的竞争对手，利润空间很不确定，那么，就要考虑是继续增加原有的出版物系列还是新购品种对你的经营更为有利。第四，要定期调整出版物组合，准则就是"贡献度"，而不是营业额，一般是以"毛利额"排名为依据，审视和调整出版物组合，创造最高价值。当然，要首先淘汰滞销品种。

三是科学配额。就是按照已经确定的结构标准，科学确定各类别出版物的份额。首先，确定重点出版物配额。重点出版物在数量和资金上都占据主要地位，其销售情况决定着出版物整体经营情况，同时，还能体现发行企业的经营方针、经营特点及经营性质。其次，确定一般出版物配额。一般出版物是对重点出版物的补充，能使整体种类更加丰富，吸引消费者，为不同需求的消费者提供更多选择。一般出版物配额要符合企业经营定位、有利于经营。同时，要考虑其季节性、流动性，尽量少进、勤添，避免积压。第三，确定相关出版物配额。相关出版物在内容上与重点出版物关系密切，但又有别于一般出版物。它一方面可以方便消费者购买，另一方面，还可以起到促进重点出版物销售的作用。比如，在购进畅销小说的时候，还可以同时准备音像制品，也可以准备不同的版本，甚至是与其有关联的出版物，以满足不同读者的需求。

13.出版物订货方式有哪些？

随着科技飞速发展、物流方式不断更新，出版物市场进一步活跃，出版物进货方式越来越多样化。出版物发行企业往往因其经营规模、营销方式、专业特色等差异而选择不同的进货方式，并各有特点、各显神通。这里介绍几种常用的进货方式。

第一，目录订货。就是按照征订目录订货。征订目录传递信息及时，按征订目录订货费用较低，出版物门类、品种比较集中，进货人员可以有充足的时间思考比较，同时还能发动群众，集思广益，适合各类出版物的订货。但是存在所订出版物出版周期不确定、周转环节多等因素，供货速度慢。专函征订、单页征订、电传征订、封面征订等方式也是由此派生出来的。

第二，看样订货。就是出版单位或批发企业以订货会等方式，将品种丰富的出版物样本集中，邀请客户单位进货人员看样选订。这种方式便于进货人员比较、选订同类品种，但活动成本较高，决策时间较短，容易出现印象订货、兴趣订货、激情订货的情况。

第三，现货批销。就是进货人员以随时、自选等形式，到出版单位或批发企业的仓储或卖场直接选订出版物。这种方式配送快捷、把握性大，但有时因到达现场不及时，往往会耽误一些数量有限的畅销品种的订购。

第四，发样订货。就是出版单位或批发企业将出版物样品或成品、半成品缩样发给客户单位，客户单位根据样本进行订货。创刊报纸杂志、音像制品、电子出版物等一般采用这种方式。

第五，主动配送。就是出版单位或批发企业按照其同客户单位签订的购销合同,主动以适当比例为客户单位配送出版物,期刊或专业出版物一般采用这种方式。以这种方式订货能较好地保证新品种在第一时间上市,但很难控制出版物的品种和数量。

第六,网上订货。就是出版单位或批发企业自己在网上发布或通过第三方网站发布出版物目录等信息,客户通过网络直接在网上实现订货。

第七,调剂。就是发行者成员单位之间相互调配库存余缺出版物的活动。教材调剂一般采用这种方式,其他出版物调剂较少。

14.如何洽谈进货业务?

洽谈进货业务就是出版物供需双方就交易涉及的实质问题进行磋商和谈判。洽谈进货业务是能否实现交易的关键所在,直接关系到企业的经济利益。因此,洽谈人员不但需要有较高的出版物专业知识和出版物发行业务水平,而且还要有较强的公关能力和谈判技巧。一般来讲,洽谈进货业务需要做好以下工作。

第一,搞好信息收集。首先,要认真开展市场调查,主要内容包括:市场需求状况,就是调查分析市场分布情况、市场容量、市场潜力等等;出版物情况,就是拟购出版物出版者、作者、内容、品质、价格、折扣以及与其他同类出版物的比较、市场反应等等。其次,要大量了解供方信息,特别是供方供货能力、服务水平、市场反应、谈判方式等等。三是要熟悉掌握与进货有关的法律条款,确保谈判在法律许可范围内进行,签订的购销合同受法律保护。

第二，做好谈判预案。首先，要选好谈判人员，包括应急替换人员。选人的时候一定要有针对性，要在对项目本身和对方情况充分了解的基础上，选择适合该项目的谈判人员，同时，要注意传、帮、带，培养后备人才。其次，要模拟谈判过程，预想谈判中可能出现的情况，尽可能穷尽地设置拟发问题、对答方式。三是要有保底思维，在力争最好结果的情况下，设置谈判底线，这个底线要绝对保密，不能有半点泄漏。

第三，把握谈判原则。一是要平等磋商，双方都在争取各自的经济利益，难免会出现意见分歧，一定要做到平等相待、友好磋商。二是要合作共赢，不能只重视自身利益，也要关注对方利益，换位思考，互利互惠。三是要维护核心，折扣、运费等自己的主要利益点，就是核心利益，不能轻易让步。四是要全面均衡，不能只注重某项利益而忽视其他条件，要综合权衡，综合获利。比如，供货商在价格让利的同时要求增加进货数量，就要综合考虑增加的数量是否是市场需要，其退货条件怎样，占用的资金是否划算，等等。千万不能只贪图眼前利益，捡了芝麻丢了西瓜。

第四，讲究谈判技巧。谈判是一门艺术，谈判技巧运用得好，复杂的事情也会变得简单；不会运用谈判技巧，简单的事情也会被搞复杂。所以，谈判技巧至关重要。

第五，依法签订合同。这一步也很重要，谈了半天，最后签订合同的时候出了错，一切都是白搭，甚至会造成无法挽回的经济损失。所以，拟定合同一定要依法，要忠实谈判结果，要善于使用合同中有关权利、义务的条款，文字表述要字斟句酌，严谨缜密，绝不可模棱两可，以致履约困难，甚至诉诸公堂。

二、出版物储运

■● 1.如何收货？

收货，就是出版物到达目的地以后，收货方进行验收并办理入库的过程。出版物进货人员在物流部门或库房收到出版物后，一定要及时跟踪采购合同执行情况，确保收到的出版物符合按时、按质、按量的要求。收货的主要内容包括：

第一，验数量，即查验实到出版物品种、数量与收货凭证是否一致，是否有漏发、错发、少发、夹带等问题，码洋、折扣是否相符等等；

第二，检质量，检验到货出版物是否存在残次品种、以次充好，是否有残破、污损、风黄、受潮等问题；

第三，看服务，一是看出版物到货时间是否与采购合同（订单）要求一致，因为有的出版物销售的时效性较强，一旦错过最佳销售时间，可能就会成为滞销品，造成库存积压；二是看整个履约过程的服务，是否有不到位、不满意的地方。

■● 2.如何处理收货中出现的问题？

货物验收的重点，往往就是容易出现问题的环节。通常收货出现的问题无非是在数量、质量、服务三个方面。

第一，数量方面的问题。一般容易出现漏发、错发和少发等问题。对于这些问题，一是可以让供货商补发漏发、少发的出版物；二是可以减除漏发、少发的出版物，按实收货物结算；三是可以将漏发、少发部分向供货商开具空退凭证；四是可以对错发部分补开采购单后做退货处理。

第二,质量方面的问题。如果出版物有残次品种、以次充好,有残破、污损、风黄、受潮等问题,要及时联系供货商,或调换,或退货,或赔偿。

第三,服务方面的问题。对到货不及时、供货满足率低、服务质量差、履约不到位等方面的问题,要及时与供货商协调沟通,可改进的改进,该补偿的补偿,必要时,可放弃合作。

3. 如何退货？

这里讲的退货,是合同约定范围内的正常退货。合同约定不能退货的经营方式不在此列。一般来讲,退货工作也由进货人员实施,主要内容包括：

第一,发行商主动退货。对那些临近退货期限,或滞销、积压的出版物,都可考虑退货；退货前,先进行清点造册,并主动与供货商联系沟通,协商退货；

第二,供应商要求退货。由于政策、形势、出版物质量等种种原因,有的出版物可能供应商会要求下架停售。发行企业在接到停售或下架通知后,要立即组织下架停售和清点造册,再按供货商要求做好退货、报废等后续处理工作。

为减少企业损失,降低运行成本,提高经营效率,一定要尽量控制退货率。做到科学进货、经常促销、合理退货。

4. 如何处理退货中出现的问题？

退货工作比较烦琐,容易出错。只有及时发现和解决问题,才能确保后续对账、结算等工作顺利进行。

退货中容易出现的问题包括：数量算错的问题、折扣算错的问题、退错供应商的问题等。因此,首先要加强企业管理,规范内部流程,确保各环节严谨、周密;退货前,一定要按合同约定与供应商协调、沟通到位;退货后,要及时与供应商核对往来账目,发现问题立即纠正。

▶ 5.怎样做好出版物入库工作?

出版物入库非常重要,做不好就会造成出版物订、到不符,账、实不符等诸多问题,甚至会诱发监守自盗等违法犯罪行为,直接影响发行企业经济效益和经营秩序。

出版物入库的基本要求是:手续齐全,入库及时,质量保证,数量准确,账实相符,码放合理。

第一步,验收。出版物送达后,库管人员必须严格按照收货凭证检查核对出版物品名、定价、数量等,同时按订货标准检查出版物质量。

第二步,记录。库管人员要准确地把入库出版物供货单位、收货日期、订货依据、出版物编号、出版者、品名、出版日期、作者、价格以及应收、实收数量等详细信息录入卡片或输入计算机管理系统。

第三步,堆码。出版物入库后,要根据其种类、数量、包装形状以及仓储条件等确定摆(堆)放架位,合理利用仓容,科学堆码,将出版物堆放稳固、整齐,并预留出一定墙距、垛距、顶距和通道,做到储存安全、码放合理、货位清楚、标志明显、井然有序、进出库方便。

▶ 6.如何码放管理库存出版物?

出版物码放的基本原则是:安全、方便、迅速、准确、节约、整洁。为充分利用仓库的空间,一般来讲,会根据实际情况,采取码垛、上架(箱)两种形式码放出版物。

第一，要合理编制货位号。可根据仓库条件区分货区，分别存放不同种类的出版物，也可分区、分类、分版存储，但都要注明货位编号，做到标志明显。

第二，图书、图片平放，盲文书刊立放，成捆书竖放。特殊装帧和规格的出版物以安全为前提，采用特殊码放方法保护。

第三，图书封头朝外，同一品种的出版物要集中，严格区分不同品种的出版物，防止乱放混放，要便于查找、核对、配发。

第四，书垛高度一般在 2m～2.5m（约 10～13 层书包），上下层交叉压缝，每三层放一层垫纸，以防倾斜。书垛每层码放包数一般为：小 32 开本 11 包、大 32 开本或 24 开本 10 包、16 开本 6 包或 8 包。此外，还要在书垛底部加放垫板，垛底四角打保护脚，确保码放稳固。

第五，要方便进出仓库。根据出版物动销程度、出库频率、预计库存时间等安排货位，将动销率高、出库频繁、数量较大的品种放在便于提取的货位。

第六，要及时准确登记录入。出版物码入货位后，要及时将存放位置（货位编号）登记在卡片上或录入计算机，货位一旦调整，要及时变更登记，确保出库、盘存等管理有序。

7.如何分发待运出版物？

分发待运出版物一定要严格遵照工作流程，一旦出错，会直接影响门店销售和仓储管理。

第一步，核验分发凭证。分发凭证是出版物出库的依据，由指定业务部门负责制作，仓库保管员进行出版物出库操作前，先要认真核验分发凭证。其内容主要包括：发货单位名称、出版物编号、品名、出版者、价格、发货数量、收货日期等，一般都是格式化制作。如果是通过计算机系统管理分发,那么就要在计算机系统中存储分发记录。

第二步,核销记录卡片。要及时根据分发凭证从卡片上核减存货数量,逐笔登记出版物出库流水;如果是实行码洋管理,就要核减账上码洋。使用计算机系统管理做分发记录的,一般系统会自动完成核销备货,大多不需要人工核销。

第三,选配出版物。仓库保管员根据分发凭证到出版物存货位置配货,配货时,一定要认真核对分发凭证,特别要注意出版物的品名、定价与实物是否相符,同时,严格按照发货数量准确选配出版物。

第四,复核出库。复核人员要根据分发凭证,对出库出版物品名、定价、数量等进行再次核对,以确保出版物分发的准确性,防止发生差错。复核准确无误后,交验收部门核对清点,办理出库交接手续。

8.拣配出版物的主要方法有哪些?

拣配出版物,就是按照发货清单,准确、快捷地将出版物拣出仓库等待分发的过程。一般有两种方式。

一种是按出版物品种拣配。就是先将同一品种的出版物发货数量汇总,按照汇总数量一次性拣出出版物,并将其堆放到待发区域,然后,再根据发货清单,将出版物按需逐品种分发。

另一种是按采购商(店)订单拣配。这种方式就像配一副中药,直接按给各采购商(店)的发货清单逐一拣配。

9.如何复核拣配打包的出版物?

拣配工作完成后,复核人员要按照发货清单,认真仔细地对打包出版物进行复核。复核时,一定要对出版物名称、编号、定价、数量、包数等一一核对。特别需要注意的是：成套销售的出版物一定要按套发货；配有光盘、磁带的图书一定要确定没有丢失光盘、磁带；破损出版物一定要调换后出库。此外，如果发现整包整捆短少的情况，要马上通知相关部门和人员查验，得到确认后，有关人员要在标签上签名，注明短少数量、日期，盖上检验印章，到仓库补书。

10.储运出版物应如何包装？

出版物包装是否科学，直接关系到出版物储运过程中的安全，同时，也会影响到货物查验、仓库利用和储运费用核算。一般来讲，储运出版物包装有以下一些要求。

第一，关于图书打包。

首先，将包装材料平摊，外包一张牛皮纸和一张复合纸，里面衬上灰板纸，然后，将出版物平放到包装材料上。通常，包装平装书时，要码正、放平、靠紧，上下两层书脊朝里，最上面一层封面朝下，最下面一层封面朝上；包装精装图书时，上下两层书脊朝外、书口朝内。一定要将包装纸包紧裹严，包装纸两边叠接处一般不少于 10cm，实在不行就用双份包装纸。最后，将包件两端纸边折平压实，绑绳先打横道，再打竖道，交叉压成"井"字形，带与带、带与边之间距离相等。

第二，关于运输包装。

一般来讲，短距离运输采用箱装，装箱后，将对应票签夹进该箱最上面一本书中，票签头外露；运输距离较远的最好打包，打好包后贴上票签。如果是清单包件，一定要将发货清单随货同行联放入包件内，并在包件外加贴"清单"票样，若是急件，则还要在标签上加盖红色醒目的"急"字。通常情况下，图书、教材用纸包装；音像制品和电子出版物用包装箱包装，不能平放，排列整齐，松紧适度，防止运输中破碎。

此外，为防止外层书面污损，包装时，每捆书两端要用250克以上的纸板或较厚的纸张进行衬垫，衬纸面积应略大于书的面积。包捆的时候，在尺寸允许的情况下，每捆内图书以5本或10本为一叠（俗称一划），书脊朝里朝外交替叠放，做到整齐结实、提拎不散、托盘下部不发生歪斜。如果一个出版物品种有两家以上厂家装订送货，一定要加强联系沟通，做到包捆完全一致。包好后，要在每捆书的一端衬纸上贴上票签，票签必须为印刷品，规格不小于9cm×6cm，格式如下：

书 名			
标准书号		定 价	
出版单位		数 量	
印刷单位		开 本	

11. 如何调剂出版物？

调剂出版物大致有两种情况，一种是出版物发行企业内的调剂，大都发生在门店与门店之间、部门与部门之间；另一种是出版物发行企业外的调剂。出版物发行企业内调剂时，要在出版物转移的同时，开具相应的内部转移清单；出版物发行企业外的出版物调剂时，要将出版物随同开具的转移清单退回相应业务部门，再由该业务部门开具发货单，随同被调剂的出版物发往移入单位。

12. 如何更换问题出版物？

出版物发行企业在收验出版物时，一旦发现供货单位的到货出版物有风黄、污损、残损、残次、混错等与供货要求不符的情况,要及时与供货单位联系,协商换货事宜,并将问题出版物与供货单位发货单的复印件(并注明换货原因)一起寄回供货单位,供货单位收到问题出版物和相关单据后,应及时为发行企业做换货处理。

13.停售出版物如何封存?

发行企业在接到供货单位或行政管理部门关于某种出版物停售封存的处理通知后,应立即组织人员,及时将所有陈列和存放在不同位置的该种出版物全部收齐清点并登记造册,在指定时间内退回仓库,仓库开具相关凭证转移业务部门,最后,业务部门按要求做出退货、销毁等处理,并与供货单位做好往来账目清算工作。

14.如何处理报废出版物?

对于因停售而报废的出版物或经企业负责人批准作为报废处理的滞销出版物,仓库人员应及时按企业规范流程办好相关手续,仔细清理核实后集中统一处理。一般情况下,报废纸质出版物送造纸厂化浆销毁处理,音像制品和电子出版物交由专业回收单位粉碎销毁处理。报废出版物严禁再次进入市场流通。

15.如何处理残次出版物?

凡因供货方原因造成的残次出版物,都要集中起来向供货单位办理退货;因发行企业自身原因造成的残次出版物,报经企业负责人批准后,一般按报废出版物处理程序处理。

三、出版物管理

■ 1.如何做好出版物仓储管理？

做好出版物仓储管理，能有效防止出版物霉变、残损、污损、变色、丢失等，最大限度地降低发行企业的经济损失。一般来讲，仓储管理要重点做好以下工作。

一是要控制好库房温度、湿度。要按照所储出版物温度、湿度要求，根据天气、季节变化，及时采取通风散潮、吸潮或者转移出版物等方式，严格控制库房内的温度、湿度。有条件的发行企业，最好安装相关设备，以实现精准控制，严防出版物霉变、粘页、变色。

二是要注意保持清洁卫生，做好防虫、防鼠工作。要定期对仓库内外进行消毒杀菌、灭鼠堵洞，防止虫蚁滋生，消除不良环境对出版物的影响，严防虫蛀、鼠咬。

三是要注意避光防晒。出版物特别是塑料覆膜的图书，长时间受日光照射，容易引起变质变色，封面卷角老化，页面纸张发黄变脆。

四是要完善管理制度。要严格规范岗位责任和操作规程，避免工作人员由于野蛮包装、随意拿放、手有脏污、操作不当、保管不善等原因，造成出版物书口勒痕、包装盒破裂、油渍污损、被盗丢失等人为残损。

■ 2.周转仓出版物如何管理？

周转仓出版物管理，主要有上架、下架两方面工作。

第一,上架。大多数出版物进入周转仓时已拣配打包,可直接上架。需要拆包上架的出版物,验货人员一定要认真清点后再上架,按照同品种同位、先纵后横、内高外低、稳固整齐、以零压整、取放方便、整洁有序的基本要求叠放。

第二,下架。周转仓的出版物下架,原则上按出版物出库程序操作,若遇需在整包中取出出版物的情况,则应先将外包装完整拆除,将所需数量出版物取出,剩余出版物按上架要求叠放归位。

3.备货仓出版物如何管理?

备货仓出版物管理主要包括两方面,即入库存放和摆放管理。

第一,入库存放。

一般来讲,备货仓中的出版物,需要根据单一品种多少,采取堆垛或货架存放。堆垛又称码垛,备货仓中的码垛,是将单一出版物在货位上交叉堆放,通过增加单位面积堆放高度和数量,减少堆放面积,提高仓容效能。通常,堆垛有两种方法。

一是交叉压缝堆码。就是将包装好的出版物纵横排列,相互咬紧,逐层交错,压缝堆高。发行业大都采用这种方法。一般每个托盘存放50包,方便及时下架。二是行列式堆码。就是背靠背地将出版物排成双行以上的行列,便于收发和检查,适于小批量出版物,但堆垛不够牢固,不节省库房。

第二,摆放管理。

一是大宗架位上的出版物管理养护。出版物包件上架大宗架位时,同一品种应先横后纵,拆除零包件外包装,小数量品种放在外面,内高外低,确保能看清每个品种。同系列、同书号的书一般不放同一货架上,成套的书及配盘、带等附赠品的书,要仔细核对配好,避免出库错误和遗漏。

二是小宗架位上的出版物管理和养护。出版物上架小宗架位时,应首先去除外包装或票签等纸张,保持架位干净整齐,摆放整齐一致。16开图书在架位右边竖向摆放,32开图书在架位左边横向摆放,套书一套一划,单本图书每5本或10本一划,由内至外、内高外低摆放,小数量图书可放在其他图书上面,确保每个品种都能看清。尽量不将音像制品和电子出版物放在同一货位,避免下架出错。

不论哪种货架,出版物下架出库都要严格按照前面介绍的出版物出库(周转仓出版物下架)方法实施。

4.如何运用账卡管理出版物?

出版物账卡管理主要用于记录库存出版物的数量动态,实时反映出版物库存量,便于清查和盘存,是出版物日常管理的一种重要方法。库存出版物一品一卡,悬挂在货垛或货架明显处。账卡主要内容包括名称、收发货日期、购买单号码、入库数量、出库数量、结存数量、存放货位等。

一般来讲,大多数发行企业,特别是品种较多、数量较大的仓库,都会根据自身经营需要,统一建立电子化库存出版物账卡,超过1000个品种的出版物配送中心,必须建立电子化库存出版物账卡。经办人员手工制作库存出版物账卡,只适用于仓储出版物品种很少的情况。

5.出版物物流管理信息系统需要具备哪些功能?

对于出版物发行企业来说,建立高效完整、全面覆盖物流配送中心作业过程的出版物物流管理信息系统,是适应现代物流飞速发展和出版物物流配送趋势的必然要求,势在必行。一般来讲,出版物物流管理信息系统至少应有以下基本功能。

一是基础数据管理功能。基础数据是整个管理信息系统应用的基础,主要包括全系统人员、货位、运输方式等基础信息的录入、管理和维护。

二是出版物入库管理功能。这个系统支持出版物入库作业,可以对出版物进行检验和复核,能处理不同形式与要求的入库指令,自动生成入库单,并通过内部链接,将相关信息反馈给业务、财务等部门。

三是出版物库存管理功能。卡片管理、货位管理、盘存管理等出版物库存一体化管理,就是通过这个系统来实现,同时,通过内部链接,将相关信息反馈给业务、财务等部门。

四是出版物出库管理功能。系统应能处理不同的出库指令,支持不同形式的出库方式,科学合理地选择和分发出库拣配任务,同时,通过内部链接,将相关信息反馈给业务、财务等部门。

五是费用结算管理功能。系统可集合仓储、配送、运输等全过程与费用有关的业务信息,并负责汇总费用和业务单据、相关报表的打印。

此外,根据配送方式的不同,管理系统还应具备科学调度交通工具、合理安排运输方式等功能;为满足经营管理的需要,应具备日常统计、信息查询等功能。

6.出版物物流管理信息系统基本查询功能有哪些?

出版物物流管理信息系统的主要任务是完成物流作业支撑,为了最大限度地挖掘利用其数据资源,还应能实现物流管理过程中的统计、查询功能,包括出版物出入库查询,库存台账查询和综合查询,以及与物流管理相关的其他查询。就是说,操作人员根据需要而指定不同查询条件,系统就能自动查出符合相应条件的出版物入库、出库、库存台账及其他各类详细信息。

7. 如何按类别分析出版物库存总量?

以销售数据为依据,分别计算各类别销售数据与销售总量的比率、库存数据与库存总量的比率,然后进行比率分析。时间跨度以一年为宜,计算公式为:

$$销售比率 = \frac{某类别销售}{总销售} \times 100\%$$

$$库存比率 = \frac{某类别库存}{总库存} \times 100\%$$

理论上,除艺术类等特殊类别库存比率可能高于销售比率外,这两组数据应大致相等或相近。如果某一类别或几个类别的比率明显不对称、不平衡,就说明这些类别库存量偏高或偏低,需要分析调整。

8. 如何按品种分析出版物库存总量?

按品种分析重点是分析两项指标。

一是品种比。就是对品种中各类别(版别)的比率与销售数据中各类别(版别)的比率进行分析,针对不对称、不平衡情况提出调整意见。计算公式为:

$$类别品种占总品种比 = \frac{某类别品种}{总品种} \times 100\%$$

二是动销率。通过对一个时间段品种动销率的分析,调整和处理动销率不高或滞销的类别或版别。计算公式为:

$$品种动销率 = \frac{动销品种数}{总品种数} \times 100\%$$

9. 如何按库存周转次数分析出版物库存总量？

一般来讲，零售卖场出版物年周转 2 次以上为正常。如果低于 2 次，库存总量和结构就可能有问题；低于 1 次，库存总量明显过大。但是，如果高于 4 次，可能因库存不足，影响销售。计算公式为：

$$平均库存 = \frac{期初库存 + 期末库存}{2}$$

$$年平均库存 = \frac{本年各月平均库存之和}{12}$$

$$周转次数 = \frac{计算期销售量}{计算期平均库存}$$

$$周转天数 = \frac{计算期天数}{计算期周转次数}$$

10. 如何按出版或印刷年限分析出版物库存总量？

按出版或印刷年限分析出版物库存总量是最常用最简单的一种分析办法，通常在年底进行，因为此时当年品种的实际库存比较准确。一般来讲，在出版物库存总量中，每个出版或印刷年限的出版物所占码洋有一个比较合理的比例，出版物越新占比越大。习惯标准是当年品种码洋占 40% 左右，上一年占 30% 左右，上两年占 20% 左右，三年前占 10% 左右。

11. 如何做好库存出版物盘存清库？

出版物盘存清库对于出版物发行企业发现管理问题、堵塞管理漏洞、加强内部管理非常重要，应形成制度，定期进行。一般来讲，盘存清库有以下方法和步骤。

第一，做好盘存前的准备。一是发出盘存通知，通知相关业务部门按时完成报废等业务审批确认，并确定盘存时间，提出相关要求。二是全面处理收货、发货、退货、调剂的实物和货账，做到账、实一致。三是按分类、品种归整库存出版物。四是确定盘存人员、划分库存区域，并对盘存人员分组、分区、明责。五是准备计算机、打印机、纸张、笔墨等必要工具。六是做好计算机系统管理盘存前的数据准备，成立数据维护小组，按仓、版、类、单品、货位等确定盘存区域、盘存批次，制作盘存清单，锁定电脑库存。

第二，手工盘存的实施。盘存人员对应划分区域，按顺序逐个类别、品种清点实存数量和码洋，登记盘存表，计算实存数量和码洋。

第三，计算机系统管理清单盘存的实施。盘存人员依据清单，对划分的区域按货位逐品清点、登记、核对实存数量，将有实物无清单的出版物抄写下来，单独放置，统一处理。实物清点结束后，将盘存清单交数据维护小组录入计算机系统。

第四，计算机数据采集设备盘存的实施。盘存人员应对划分区域，按货位逐品清点，按工作程序输入清单号、货架条码、出版物编号等盘存信息；按系统提示信息，准确核对实物，录入实存数据；复点盘存数与账面数不符的出版物，将有实物无清单的出版物抄写下来，单独放置，统一处理。实物清点结束后，通知数据维护小组处理数据。

第五，做好盘存复核和结果确认工作。盘存结束后，要全面核对盘存汇总数，比较实盘数与账面数的差异，列出清单，进行复核，查找原因，解决问题。不管以何种方式盘存，都要复核。最后，将盘存清单和复核清单整理归类，以便复查。同时，将盘存反映的盈亏情况报财务部门。

12.造成盘存账实不符的原因有哪些?

造成盘存账实不符的原因多种多样,主要有以下一些原因。

一是失窃,可能是外来不法分子盗窃,也可能是内部管理人员监守自盗、顺手牵羊。

二是入库验收不严,进货清单和登录数据出错,或供货商包装时短斤少两,或未严格按规程操作,造成出版物损坏、丢失,等等。

三是出库管理不规范,出库货单和登录数据不一致,或未严格按规程操作,发送出版物数量与出库单数量有偏差,或出库出版物夹带其他出版物,等等。

四是出版物编码重复,不规范,造成品种混淆,导致出库过程中发生差错。

五是盘存前基础数据资料不清,账面不准,盘存时发生错盘、重盘、漏盘等情况。

第五部分
出版物陈列、销售

一、出版物陈列

1. 出版物发行分类陈列有哪些方法？

出版物分类主题明确、陈列清晰，既能方便消费者选购，又有利于企业销售管理。发行企业根据其经营方式、专业属性、面对受众等的不同，会采取不同的方式分类陈列出版物。陈列方式一般有以下几种。

一是根据出版物版别分类陈列。

二是根据主题需要分类陈列。就是根据销售主题需要，将一类或几类出版物归并命名一个突出的主题陈列。零售店柜组可以为其所承担的类别命名一个主题，也可以为其所承担类别的一个或几个下级类命名一个主题。

三是根据消费群体分类陈列。地域不同，消费对象就不同，消费对象不同，购买需求和购买习惯也不同。如果按消费群体分类陈列,发行企业一定要对其所在地区消费者的构成做深入的调查,确定一般消费群体有哪些类,特色消费者群体有哪些类,并据此细分陈列出版物。

四是根据出版物流通需要分类陈列。一般来讲,商家会把进货量最大、销售码洋高,或者有意主推的出版物陈列在最为醒目的位置,作为大类展示或以此细分。

2.如何分类和陈列同类出版物?

同一类别的出版物,特别是品种较多的同一类别的出版物,陈列时还应进行进一步细分,以方便读者查找和选购,同时,也有利于销售管理。

第一,分类方法。陈列前,可以根据该类别出版物品种的多少、基本属性等,按照消费者查找习惯,采取不同的角度进行细分。比如,文学类的出版物,可以按文学体裁细分;心理学类的出版物,可以按普通心理学、人类心理学、实验心理学、生理心理学等分类。有的出版物可以多级细分,比如教辅材料类,可以按语文、数学、物理、化学、英语等学科分类,然后按小学、初中、高中分类,也可以按小学、初中、高中分类,再按学科分类或者按年级、年限、出版社等分类。

第二,陈列方法。同类出版物一般按照出版物品种的排列顺序陈列,比如畅销在前,一般放后;出版年限晚的在前,出版年限早的放后;普及读物在前,理论专著放后;等等。

3.如何陈列出版物跨类品种?

出版物分类没有固定的模式,消费对象不同,对分类的理解也各不相同。跨类品种陈列,就是为了适应不同消费者对出版物分类的不同理解而扩大出版物陈列面,将同种出版物在两类或几类中同时陈列的方式。比如,对于医学类的辞典书籍,有的消费者认为应该作为工具书陈列,而有的消费者则认为应该作为医学类图书陈列。跨类品种陈列的基本原则和要求大致有以下四点。

一是交叉学科、边缘学科的品种,同类出版物归并时,要根据跨类价值来确定跨类品种。

二是要注意跨类品种的知识和有关学科的关联性,科学界定跨类品种之间知识或学科的可融点。

三是不要单纯为了扩大陈列面、扩大销售业绩而不讲规则胡乱跨类,跨类陈列时,要对同时跨入几个类的品种做好跨类记录。

四是要符合消费者选购习惯,利于促销;陈列后,随时观察消费者反映,及时调整跨类效果不佳的品种。

4.出版物陈列的基本原则是什么?

出版物陈列的直接目的就是向消费者展示和宣传出版物,从而吸引消费者的注意力,激发消费者的购买欲。

首先,陈列的形式要新颖、时尚、醒目。特别是零售卖场,不论是总体的布局还是标识牌的制作,不论是形状的摆放还是色彩的搭配,都要与时尚元素相融合,体现文化的进步,体现时代的节奏,营造时尚的氛围,新颖醒目,拴心留人,并具有良好的导购功能。

其次,要方便消费者选购。陈列出版物,一定要以促进销售为重点,站在消费者的角度,贴近消费者意愿,为消费者选购提供便利,最大限度满足消费者的需求。

再次,要符合安全规范。要严格按照《中华人民共和国安全生产法》等法律法规要求陈列出版物,确保设施设备之间、出版物与出版物之间通道畅通,确保经营场所用电安全、人员疏导安全。

5.如何陈列不同形态的出版物?

这里所说的不同形态的出版物,是指或载体不同,或开本、装帧、包装不同,或封面色彩不同的出版物。这些出版物陈列的时候,应根据其形态差异,采取不同方式。

第一,载体不同的出版物的陈列。一是分类要清晰;二是书刊、音像出版物、电子出版物等不要混合陈列;三是内容有关联的出版物陈列要协调。

第二,开本、装帧、外包装不同的出版物的陈列。不同开本、装帧的出版物陈列的基本原则是先按类陈列。同类出版物中,相同尺寸开本的摆放在一起陈列,不同开本的出版物,一般按开本大小分格或分台陈列;线装、精装、平装图书分开陈列;精装图书再按纸精、布精、绢精等分开陈列;装帧不同内容相同的图书,精装在上,平装在下;较贵重、易损坏的图书保护性陈列。外包装不同的出版物一般按包装规格分架、分格、分台陈列,最好按外包装大小由大至小陈列。

第三,不同封面色彩的出版物的陈列。基本原则仍是按类陈列。同一类别中,将色彩基调相同的出版物摆放在一起陈列,不同色彩封面的出版物,要在既照顾区域色彩又讲究环境色彩的前提下,要么按照同一色系渐进顺序陈列,要么按不同色块陈列,确保色彩协调,气氛活跃。

6.如何在书架上陈列出版物?

出版物陈列使用最多的设备就是书架。不论是图书、期刊,还是音像制品、电子出版物，书架陈列的方法基本相同。这里，以图书为例介绍几种方法。

第一种方法，书脊立式陈列。就是将图书书脊朝外并垂直于书架陈列。

第二种方法，封面立式陈列。就是将图书封面朝外并垂直于书架陈列。

第三种方法，书脊立式、封面立式相结合陈列。就是将同品种图书的复本按书脊立式、封面立式有规律、有秩序地摆放。

第四种方法，书脊卧式陈列。就是将图书书脊朝外，平摊成摞摆放。

不论使用哪种方法，都要遵守先类分，同类书再以开本、装帧、外包装等进行排列的基本顺序；每个独立书架摆放方法要相对一致；特殊类别出版物陈列在用于特别摆放的书架中。同时，要随时整理，将放乱的出版物及时归位。

7.如何在书台上陈列出版物？

陈列出版物的书台一般为平台，尺寸不一，形状各异，但都能满足大多数消费者在站立状态取到出版物。书台陈列出版物一般为平摊，封面面对消费者，选购直观，拿取方便。书台陈列的出版物要以台清楚分类，出版物复本厚薄应基本相等，要及时整理，保持类目清楚、码放整齐。

一是要科学分类。无论台面大小，最好一台一类，在台面中间或边缘竖立分类标识牌；一台摆类超过两个，则在类与类之间设置分类标识牌。

二是要以摆促销。通过摆台，突出促销品种，一台一突出，一台一促销，让出版物品种活跃，为整体促销提供适时推荐和主动推荐机会。

三是要突出主题。要及时跟进时令季节、时代主题、销售主题等,创新摆台形式,通过摆台达到广告宣传的作用和效果。

■● 8.如何在柜台上陈列出版物?

柜台陈列的出版物,主要是特别推荐的样本。摆放基本方法有:

出版物封面向上,平摊摆放;精装书、厚本书、丛书、系列书以及成套音像制品,以绸带竖立捆扎摆放;使用书托,将出版物封面朝外,立体摆放。

需要注意的是,柜台陈列出版物样本要突出重点,不宜过多,柜内样本与书架陈列出版物对应;摆放时,最好在出版物下面铺上金丝绒或红绸布衬布,或用彩色绸带捆扎;经常更换样本,保证出版物整洁、最新、突出,同时要有备货。

■● 9.大开张图片等出版物如何陈列?

地图、宣传画、年画、挂历、人体挂图等大开张图片,一般通过张贴、张挂、悬吊和展板等方式吊挂宣传陈列,统称挂式陈列。挂式陈列方法比较简单,先将出版物放在书托上,再将书托悬挂在选定的墙面或柱面上。对于单张的图和画来说,直接吊挂在专门设计制作的展架上或吊顶上即可。

挂式陈列需要注意以下几点:

一是不同大类要分开吊挂,将地图、宣传画、年画、挂历、人体挂图等分开吊挂,每大类又可按色彩、主题、版本、价格等有序排列,最好将大类内开张相同的放在一起陈列;

二是要讲究色彩和效果,吊挂时,注意画面和色彩协调,讲究高低、远近和光线效果,要赏心悦目,错落有致,既方便消费者观赏，又能激发其购买欲望；

三是不要重叠吊挂，不管有多少品种，都不要重叠吊挂，否则就失去了陈列的意义，也会因此丧失消费者；

四是吊挂要稳固，吊挂的出版物既要方便取拿、更换，又要稳固，否则容易掉落、损坏，又极不安全；

五是要标明定价，特别是吊挂较高的出版物，不仅要标明定价，而且要用大字号标签。

■ **10.立体码放(书墩)有哪些基本要求？**

立体码放(书墩)多用于单品种多复本出版物的陈列，陈列方式一般有立柱式、螺旋式、错位式等。立体码放(书墩)能很好地发挥堆码人员的空间想象力，艺术感、立体感强，视觉效果好。其基本要求是：

第一，选择好出版物。立体码放(书墩)应尽量选择极具推荐价值的出版物，最大限度发挥这种码放陈列形式的作用；

第二，用好陈列空间。由于这种出版物码放方式是立体的，一般来讲占用空间较大，码放人员需要结合场地条件，科学合理设计码放形状；

第三，码放稳固安全。码放时一定要注意书墩的稳定性，高度一般不超过一米，否则容易倒塌。

二、出版物销售

■ **1.门市组织一般有哪些构架？**

近年来，随着物流的发达、电商以及相关产业的融合发展，门市组织构架逐渐变得不再清晰。但总体来讲,大致有以下几种形式的构架。

第一,二级管理结构。这是一种最基础、最简单的扁平组织结构,这种结构的企业只有纵向两个层次,人、事、资产、经营等决定权都集中在一个人手中。适合员工较少、卖场规模较小的小型独立零售门市。

第二,三级管理结构。这也是一种扁平组织结构,与二级管理结构不同的是,这种结构的企业有三个纵向层次,决策者通过划分不同的销售部门或区域,实行分级管理。适合员工相对较多、卖场规模相对较大的中型零售门市。

第三,职能型结构。就是门市按照不同的职能导向来组织其管理结构。这种组织结构的管理更趋专业化,各职能部门横向责任明确,也正因如此,各职能部门独立性强、局限性大,难以顾及职能目标,容易忽略全局利益。

第四,矩阵型结构。就是在职能型结构基础上,通过与产品(项目)小组混合而形成的一种组织结构。这种组织构架通过对其员工设置所属职能部门的经理(主管)和对应产品(项目小组)的经理(主管)两个上司,从而实现兼具职能部门化和产品部门化优点、避免各自缺点的效果。

第五,分店型结构。一般来讲,这种组织构架的发行企业,每一个分店都是自治的,由分店经理对绩效全面负责,并同时具有分店运营的决策权。因此,分店型结构实际上就是自我管理、相对独立的多个门市的集合,其内部包含着职能型结构。

实践中,一个发行企业采取哪种组织构架方式,取决于企业本身的性质、规模、经营方式等等,没有统一固定的模式。

2. 如何制订销售计划?

销售计划是发行企业为实现收入目标而进行的销售工作预安排,包括确定销售目标、销售预测、分配销售配额和编制销售预算等。按照时间长短,销售计划可分为周销售计划、月销售计划、季度销售计划、年度销售计划等;按范围大小,销售计划可分为企业销售总计划、分公司(门市)销售计划、个人销售计划等;按市场区域,销售计划可分为整体销售计划、区域销售计划等。

制订销售计划,一定要切合实际情况。凭空想象、闭门造车、不切实际的销售计划,无益销售不说,还会打击员工积极性,给销售活动带来负面影响。因此,制定销售计划,必须要有根据、有的放矢。

一是要结合本公司(门市)长期以来的营业情况。比如,上年(季、月、周)的销售实绩、近几年的销售情况等。

二是要结合市场情况。包括市场需求情况、竞争情况等。

三是要结合上一销售计划的实现情况。

四是要结合销售队伍的建设情况。

要通过对以上情况的分析、研判,同时科学预测计划期内各种影响因素的变化程度,制订切实可行的销售计划。

3. 如何做好岗位管理?

岗位管理是发行企业通过科学设岗、定岗定人、动态管理,实现人与岗、人与人之间的最佳配合,实现企业效益的最大化。发行企业的岗位管理一般以岗位责任制的形式体现出来,主要包括三方面的内容。

一是科学设岗。对发行企业来讲,设置岗位有四个原则:最低数量原则,就是要以尽可能少的岗位承担尽可能多的任务,需要多少岗位就设多少岗位，需要什么岗位就设什么岗位；目标任务相统一原则，设置的岗位既要保证正常经营所必需的功能，又要保证企业运转的高效与灵活；责权相等原则，有权无责，必滥用职权，有责无权，必难尽其责；有效配合原则，各岗位与相邻岗位之间要能实现有效配合，岗位能级之间、层次之间要相互协调。总之，一定要因事设岗，而不能因人设岗。

二是定岗定人。要根据企业或门市、楼层（柜组）经营管理等不同岗位的需要，科学确定各岗位工作任务、人员职数、任用条件等，结合现有人力资源，用人所长，避人所短，合理安排各岗位人员配备。

三是动态管理。要突出品德、知识、能力、业绩等要素，结合目标管理责任制考评，制定不同层级、不同岗位的工作程序、行为要求、劳动纪律、职能责任和考核标准，制订销售额、利润额等经营指标，完善、规范和落实岗位考核制度，形成"庸者下、能者上"的激励机制。

4.如何规范门市、卖场、柜组负责人的岗位作业？

门市、卖场、柜组负责人主要包括门市或卖场经理（店长）、楼层主任、柜组长等，其作业管理规范的基本内容包括以下三方面。

一是既要指挥又要执行。要指挥门市营运和卖场经营活动，履行好出版物控制、现金控制、信息控制等职责，监督和审核会计、收银等工作，监督和改善包括出版物在内的各种物资的损耗管理，带领团队完成上级下达的经营目标和指标。

二是既要管理又要培训。要认真监督出版物进货、仓储、陈列、销售等业务动态，做好引进新品、淘汰滞销出版物的工作，配合上级制定营销计划,做好员工考勤、仪表监督和服务规范执行工作,提出员工考核、聘用和调动等建议,进行有效的目标管理,对员工业务知识和工作技能进行培训。

三是既要协调又要指导。做好上情下达、下情上传、内外沟通等工作,收集听取消费者意见和建议,妥善处理消费者投诉,观察和收集有关情报和业务数据,预测市场销售趋势,指导各项业务开展。

5.如何规范出版物发行员的岗位作业?

出版物发行员岗位作业管理规范的基本内容包括两个方面。

一是要熟悉业务。要熟悉所在工作部门(门市、区域)的出版物及其销售规定;熟练掌握出版物陈列及货物补充的原则和方法;熟悉各种促销活动及其开展方法。

二是要遵守规定。要严格遵守仓储、销售和出版物进发货有关管理规定,控制作业流程;要遵守清洁管理规定,搞好责任区域卫生;要遵守安全管理规定,做好防火、防潮和防盗等工作,确保出版物安全。

6.如何规范收银员的岗位作业?

一是做好营业前准备。开门营业前,要将收银作业区打扫干净,认领、清点并确认备用金,调试好收银机,整理和补充笔墨、纸张、票据、印泥等相关备用品,按要求着装和佩戴工号牌,熟悉当日特价出版物和促销活动,不随身携带现金,不在收银台上放置私人物品。

二是做好收银工作。货款结算要准确、快速和礼貌。接待消费者要主动打招呼,回答消费者提问要耐心,要清晰报与消费者出版物金额总数，收款找零要唱收唱付。收银期间，不任意打开抽屉查看数字和清点现金。

三是搞好账款清算。营业结束后，要立即结清账款，填制营业收入结账表，并将营业现金、票据交回金库。

四是不擅离收银台。若因特殊情况需暂离收银台，要在收银台上显眼处放置"暂停收款"标识牌，将现金全部放入抽屉锁定，随身带走钥匙，要征得领班人员同意并协调好其他收银人员。若有消费者等候结账，收银员不得离开。

7. 如何确认员工个人工作业绩？

一般来讲，员工个人工作业绩的评估采取定性评估与定量评估相结合的方式。

第一，定性评估。定性评估较为抽象，评估者往往全靠印象来评估。比如员工的思想境界、服务态度、学习能力、主观能动性、创造力等等，很难有统一、明确、可衡量的考核标准。有的是考核者凭对被考核者的总体感觉给出的印象分，有的通过民意调查或员工公识来评估，人缘好的可能分数就高，有时甚至有把好说成差，把差说成好的情况。因此，定性指标所反映的被考核者的业绩往往是笼统的，企业一般不采用，即便采用其所占比例也不大。

第二，定量评估。定量评估是通过数量分析、数学计算得出结论的方法，比如员工的业绩、毛利、净利等各项经营指标。定量指标比较客观、有效，结果更加直观、具体。一般来讲，定量评估有加减分法和规定范围法两种，加减分法通常用于目标任务较明确，任务完成较稳定，鼓励员工多做贡献的情况。加减分法最大值不应超过权重规定数值，最小值不应出现负数。规定范围法是经过数据分析和测算后,评估双方就标准达成的范围进行评估得分。定量评估能使含糊的概念精确化,有效避免主观随意性,因此,大多企业都采用定量评估法认定员工个人工作业绩。

■ 8.如何拟定进销比例?

拟定出版物进销比例,就是通过对出版物进销过程中的各种信息的分析、研判,科学确定出版物进货与销售的最佳比例。拟定最佳的进销比例,需要企业管理人员在业务实践中不断积累和总结,要紧密结合门市、柜组(楼层)的实际经营水平和能力。一般情况下,进销比例中出版物进货计划数应略高于销售计划数,高出的具体数额和比例没有定论,不同的门市、柜组标准可能不一样,不同种类的出版物也不一样。

■ 9.如何拟定进销平衡计划?

出版物进销平衡,就是掌握出版物进货门类与品种的平衡。拟定出版物进销平衡计划时,要注意三点。

一是要综合分析。要在全面分析门市、柜组(楼层)近年来出版物进货、销售、退货、库存等流转历史数据,借鉴参考其他同类型门市、柜组(楼层)出版物流转历史数据,综合考虑各种因素的基础上,拟定当年总量指标。

二是要数据细分。在制定总量指标的基础上,进一步分析近年来出版物进货、销售、退货、库存类别结构历史数据,将总量指标从上到下、由粗而细分解成更多、更细的类别指标。大型门市还要根据卖场区域分类的销售特点,分别拟定各柜组(楼层)部门指标。

三是要跟踪调整。执行过程中,要按月度、季度对进销平衡情况进行跟踪、分析,如有必要,及时调整。

10.如何进行常备、常销出版物需求总量分析?

一般来讲,常备、常销出版物在一个较长的时段内销售稳定,并具有一定的规律性,对销售收入影响较大,因此,发行企业很有必要对常备、常销出版物需求总量进行分析,以提前准备,及时备货。在需求总量分析过程中,运用最多的是类推法和因素法,且常常结合使用。

所谓类推法,实际上就是通过对已经实现的销售数据的计算,推导某一时间段内可能的需求量。计算公式为:

预测期需求量＝上年同期实际销售量×预测期前期的实际销售量/预测期前期上年同期实际销售量

所谓因素法,实际上就是预测市场、经营等不同因素变动情况对正常销售的影响,比如,打折、促销、书市、节庆等,通过对这些因素的分析比较,综合进行需求分析。

不论类推法还是因素法,都是一种预测、估算,因此,使用的数据一定要全面、准确,考虑的因素一定要充分、实际,要结合本地区消费者结构情况,充分考虑出版物的出版信息、主要内容、供应范围、消费对象、可能需求、潜在需求等等。对于较长时间段内的需求分析多采用因素法,辅以类推法,对于较短时间段内的需求分析多采用类推法,辅以因素法。

11.如何做好销售结构变化分析?

出版物销售结构变化分析,就是按照出版物类别、品种,分析年度销售的绝对数和各类别、品种销售所占的比例差异,通过分析,发现出版物市场的变化趋势,预判出版物市场消费方向,调整出版物经营品种。

销售结构变化分析要注意两点：一是要搜集、整理、测算相关数据，发现变化发展趋势；二是要从内部和外部两个方面分析产生这种变化发展趋势的原因，制定应对之策。

12.如何做好销售对象增减分析？

销售对象增减分析，就是通过对不同类别、品种的出版物所占比率及变化趋势，分析销售对象的增减变化趋势。销售对象增减分析的主要依据是出版物销售类别、品种的绝对数和各类别、品种销售所占的比例差异及变化趋势等。

销售对象增减包括绝对人数增减和相对人数增减两个方面的内容。比如，虽然所在区域内总人口数没有变化，但由于消费者兴趣改变、工作需要等因素造成阅读方向发生了变化，即是相对人数增减的情况。

13.如何做好销售方式运用分析？

销售方式运用分析，就是有多种销售渠道的发行企业，通过对门市、团购、邮购、网购、展销、批发、流动售书等各种销售方式所实现的销售进行统计，结合人力成本、财务成本等成本因素，分析每种销售方式实现的销售比例、运用情况、成本收益情况，从而扬长避短，在以后的销售中更多采用既受消费者欢迎又能促进销售、创造经济效益的方式。

14.如何开展市场调查？

市场调查，就是运用科学方法，有目的、有系统地收集、记录、整理有关出版物市场的信息和资料，把握市场现状、了解发展趋势，为市场预测和营销决策提供客观依据。市场调查一般有四个步骤。

第一，制定计划。包括调查时间、地点、范围、方法等，重点是调查方法。一般来讲,市场调查主要有观察法、实验法、访问法和问卷法。观察法,就是以直接观察调查研究对象的方式进行考察和搜集资料。实验法,就是用实验的方式,观察调查对象在特定环境条件下获得的信息。访问法,就是调查人员按事先设计好的调查表或访问提纲,通过访问、交谈、座谈等方式获得被访问者的想法。问卷法,就是通过让被调查者填写调查问卷获得需要的调查信息。调查人员一定要根据调查主题,结合研究市场变化所需的信息确定具体的调查方法。

第二,开展调查。制定好调查计划后,就可以按计划开展调查了。一般开展调查前,要对调查人员进行适当的培训,以确保顺利完成调查任务。做好调查工作的关键是调查人员的事业心、责任感、工作能力和工作经验。

第三,整理分析。调查过程中所收集到的各种资料和数据比较散乱,必须通过科学的整理和实事求是的分析,才能得到可靠的调查结论。整理分析前,要对资料和数据的来源及可靠程度进行审核,再按照要求筛选分类、统计分析。尽量用计算机处理调查数据,既可减少和避免差错,又可提高工作效率。

第四,形成报告。市场调查报告是根据市场调查收集、记录、整理和分析形成的反映或揭示市场运行规律和本质的文书,是市场调查人员以书面形式反映市场调查内容及工作的过程并提供调查结论和建议的报告,是市场调查研究成果的集中体现,是企业经营决策的重要依据。调查报告的撰写情况,直接体现市场调查工作的成果质量。

■ 15.如何掌握供求相对平衡?

供求相对平衡,就是出版物市场供应量及其构成与市场上的出版物需求量及其构成之间保持的基本平衡。掌握供求相对平衡,让出版物供应与需求之间保持相互适应的关系,对于发行企业的发展具有十分重要的意义。掌握供求相对平衡主要应做好三方面的工作。

一是要搞好资金平衡。如果备货过多,资金占用肯定就多,利息损失肯定就大,因此,资金平衡的关键是信贷资金占用要控制在合理的范围,提高资金利用率,否则就会破坏收支平衡,影响经济效益。

二是要搞好收支平衡。收支平衡的关键是讲究经济核算,做好成本管理,管控费用支出。要充分利用现代信息管理技术,选择适合自身企业发展的先进销售模式,量入为出,减少人力、物力和财力消耗,降低销售成本,及时足额收回货款,否则就难以实现供求相对平衡。

三是要搞好进销平衡。可以说,出版物的进销平衡,就是发行企业出版物流转的平衡,发行企业的经济效益,很大程度上取决于能否做到出版物进销基本平衡。因此,出版物的进货、销售、库存必须面向市场、面向需求,做到进货适度、勤进快销。既要防止脱销,出现供不应求的情况,又要防止积压,产生运行不畅的情况。

16.如何分析所获取的出版物发行市场经营环境信息?

分析所获取的出版物发行市场经营环境信息,目的是为了准确把握市场经营环境状况和变化趋势,及时调整经营方式和营销策略。获取市场经营环境信息的渠道多种多样。

第一,综合分析。各种媒体上的出版物广告、出版行业以及同事、同学、朋友、社交圈甚至普通民众等对出版物消费趋势的反应和大众阅读习惯的变化，都是我们获取、分析、判断出版物市场经营环境的信息源，因此，出版物发行工作人员应具有相当的职业敏感度，要随时对听到的、看到的信息进行归纳、整理、分析，取舍运用，做出判断。

第二，集思广益。必要时，可通过开座谈会、发调查表、单个询问等形式，听取出版物发行企业相关部门人员的意见和建议，借智借力，集思广益，对获取的信息进行分析、判断，从而了解市场经营环境总体状况及变化情况。

第三，经验直觉。经验丰富的发行人员，往往凭直觉就能对出版物发行市场经营环境做出判断。当然，这种直觉实际上也是建立在平时大量信息积累、综合分析和工作经验的基础上的。

17. 如何分析市场机会？

市场机会就是企业的发展机遇，机会分析准了，机遇把握好了，企业才能很好发展。分析市场机会要注意三个结合。

一是要结合企业经营目标。重点要结合企业特色、经营范围和消费对象等，如果市场机会与企业经营目标相契合，就要尽全力争取将市场机会转化为企业机会，反之，则要慎重决策。

二是要结合企业自身实力。重点要结合企业资金、人员、技术、设备、经营能力等，如果这些条件太差，企业缺乏控制市场机会的能力，就没必要强己所难，否则会适得其反。

三是要结合市场环境因素。重点要结合消费者结构、市场竞争状况以及市场潜力、营销成本等，对市场机会转变为企业机会的分析一定要客观、可行，切不可妄断盲动。

18. 如何捕捉市场机会？

出版物市场机会，就是出版物市场上存在的尚未满足或尚未完全满足的出版物需求。市场机会分析准了,还要捕捉和把握得住。捕捉市场机会要注意三个方面。

一是树立市场机会意识。要有较强的市场敏感性,随时注意和分析出版物市场变化发展情况,绷紧"机会"弦,为把握市场机会和创造市场机会提供思想保证和智力保证。

二是把握已有市场机会。机会,是有时间性的有利情况,稍纵即逝。因此,要善于捕捉环境变化、环境因素、市场细分、市场空隙、消费者需求动向,甚至在与出版物有关的日常生活信息中,发现和把握那些已经出现但又容易被忽视的市场机会。

三是主动创造市场机会。实力是基础,成功是目的,机会是关键。要善于通过创造性的营销活动,诱导和激发消费者需求;要时刻关注竞争对手动向,比较优势劣势,学人之长,补己之短,扬己之长,避己之短,主动创造市场机会。

19.如何细分出版物市场?

出版物市场细分,就是出版物营销者通过对出版物市场的调研,依据消费者需求、购买行为和购买习惯等差异,把出版物市场整体划分为若干个子市场。每一个子市场即是一个细分的市场。出版物市场的细分标准可以有多种,这里介绍四种。

第一,按人口统计分。包括年龄、性别、职业、收入、民族、宗教、教育、家庭成员等等。比如,不同年龄、性别、性格、爱好、经济状况的消费者,对出版物的需求存在差异;高收入、中等收入、低收入各个群体因需求欲望和支出模式不同,对出版物的消费差异也很大;不同职业、受教育程度不同的消费者,知识水平、工作条件、生活方式、文化素养、价值观念等均有所不同,其出版物消费需求也有差异。

第二，按地理条件分。包括门店所处的地理位置、城镇大小、气候状况、交通状况、人口密集度等。比如东北、华北、西北、西南、华东、华南，省、市、县、乡镇，内地、沿海、城市、农村，一线城市、二线城市、小城市，等等。不同地区文化、不同规模城镇的消费者需求也各不相同。

第三，按消费行为分。包括购买时间、购买数量、购买频率以及对服务、价格、渠道、广告的敏感程度等。比如，寒暑假期间，可能与旅游有关的地图、旅游指南等出版物需求量要大一些；举办出版物展销、书市、博览会等促销活动期间，销售额可能会更大；春秋两季开学之后，可能中小学教辅材料销售会火爆一段时间；等等。

第四，按消费心理分。包括生活方式、性格兴趣、购买动机等。比如，有的消费者注重实用性，要物美价廉，可能对平装书感兴趣；有的消费者注重高大上，要上档次，可能对精装书感兴趣；有的消费者追求文化品位，或是爱好收藏，可能对线装书感兴趣；等等。

20.如何运用出版物促销推动策略？

全面了解出版物的内容、形式、生命周期等特征，是制订和运用出版物促销推动策略的基础，一般有三种方法。

第一，针对出版物内容制订促销策略。对于知识性、普及性的大众读物，特别是青少年读物，可采取以广告为主，其他营销推广为辅的促销推动策略；对于学术水平高、内容专业、消费面窄的学术著作，一般通过专业报刊登载广告或评介文章，或对口寄发书目、征订单、宣传品等形式促销。

第二，针对出版物形态制订促销策略。比如图书，大部头、高价码的豪华本,可采用以人员直销为主的促销策略;低价位图书采用人员直销则成本太高。比如音像制品,除常用促销方式外,还可辅助采用手机彩铃、手机音乐付费下载、视频点播等形式促销。

第三,针对出版物生命周期制订促销策略。出版物的生命周期就是出版物在市场上营销的延续时间,是出版物从投放市场到最终被淘汰的全过程。出版物刚上市时,可通过广告、书评、签名售书等多种形式大力推介,让尽量多的消费者了解和熟悉,随之跟进人员推销、营销推广活动等促销组合,扩大影响,扩大销售。出版物进入成熟期的时候,同类品种明显增多,竞争加大,就要重点进行防御性宣传,努力稳定现有市场,降低生产成本,以增强出版物竞争力。出版物进入衰退期时,可停止其他促销方式,以优惠折扣促销。

21.出版物促销方式有哪些?

促销,就是营销者向消费者传递有关出版物的各种信息,吸引或说服消费者购买出版物。常用的出版物促销手段有广告宣传、人员推销、营业推广和公共关系等。

第一,广告宣传。随着互联网的飞速发展,全媒体时代已然到来,广告形式日趋多样。比如,可以利用征订书目、报纸、期刊等刊登广告;利用广播、电视、收音机等播放广告;在街道、广场、机场、车站、码头等设置霓虹灯、电子显示牌、橱窗、灯箱广告;利用 APP、微信、微博等新形式推送广告;等等。

第二,人员推销。人员推销的优点在于有选择性、灵活性、和情感性,对出版物的介绍直观完整。促销人员可根据消费者的不同需要,设计针对性强的推销策略,并随时调整。需要注意的是，推销人员语言把握要到位，言谈举止要得体，整体形象要大方，否则会适得其反。

第三，营业推广。营业推广是企业结合营销任务，给消费者提供特殊优惠的购买机会，刺激消费者购买的营销活动。比如，给潜在消费者发放优惠券、赠送礼品等，以此增强出版物对消费者的吸引力。

第四，公共关系。比如，通过报纸、杂志、电台、电视台、网络等加强新闻宣传，扩大影响；开展出版物捐赠等公益活动，树立服务形象；建立与政府机构、社会团体的长期联系，争取支持；组织新书首发、签名售书、联谊等活动，提高消费者兴趣，达到推广出版物的目的。

22.如何设计出版物分销渠道？

出版物分销渠道，是指出版物从最初的出版者向最后的消费者移动时，直接或间接转移所有权所经过的路径，是连接出版物生产者和消费者的桥梁和纽带。分销渠道和营销渠道是两个不同的概念。发行企业出版物分销渠道设计主要有以下步骤。

第一，分析目标市场。也就是要分析消费者需要，要结合门市地理位置、人群结构等特点，分析目标市场消费者的出版物购买品种、购买方式、购买数量等，为有针对性地设计出版物分销渠道提供科学依据。

第二，确定渠道模式。也就是确定渠道的长度和宽度，这主要取决于出版物特点、市场容量和需求面。通常，出版物消费者对象较宽，选用多级渠道；出版物专业性强、消费者对象较窄，或价格偏高，消费者对象明确，选用零级渠道。大型综合卖场一般选用零级渠道；集团构架发行企业，可选用多级渠道。总之，要结合实际,灵活设计。

第三,选择渠道成员。渠道成员由出版商、批发商、零售商、消费者组成。确定了渠道模式之后,就要比较出版商的历史、业绩、声誉等,批发商和零售商的经营范围、协作精神、营销能力、增长潜力以及人员素质、店面地域等,消费者的消费类型、需求特点、购买能力等,选择最佳渠道成员组合。

第四,明确相关权责。确定了渠道模式、选择了渠道成员之后,还要明确规定出版商、批发商、零售商彼此之间的权利和责任。比如,根据所在地区、出版物类型、购买量、促销方式等的不同,要规定不同的结算折扣、交货方式、结算条件等,甚至还要规定彼此承诺的服务、市场信息的提供等。这些,都要通过签约的形式明确下来。

23.如何组织人员推销?

人员推销,就是发行企业通过派出销售人员与可能成为购买者的潜在消费者交谈,以推销出版物,促进和扩大销售。人员推销是销售人员说服购买者购买出版物的过程,基本形式有三种。一是建立自己的推销队伍,使用发行企业自身推销人员推销出版物。二是签约代理商、经纪人等专业推销员,按销售额比例支付其佣金。三是雇佣兼职推销员,按销售额比例支付其佣金。

人员推销是一种交际活动,因此,推销人员首先应具备良好的素质。比如,具有出版物专业知识,了解营销策略、市场情况、相关法规以及潜在顾客数量和分布、购买意愿、购买能力等。同时,要对所代表的发行企业有全面深入的了解,要熟悉所推销的出版物,要了解不同顾客的心理、习惯、爱好和要求等。

发行企业要对推销人员进行合理的组合和布局。比如,对销售地区广、消费者需求差异小的出版物,可以地理范围划分组织;类别差异较大的出版物推销,可按出版物类别划分组织;类别复杂、消费者人多面广、销售量较大的出版物推销,要综合考虑地理和类别划分组织。总之,要结合实际选择推销方式,以最小成本换取最大效益。

24.如何组织促销活动?

出版物促销活动一般有:展销、书市、签名售书、新书首发、优惠销售、特价销售、图书博览会、图书订货会、读书活动、读书沙龙等。组织促销活动主要有以下步骤。

第一,确定形式。确定促销形式,一定要结合出版物特点和企业实际,既要考虑社会效益,又要考虑经济效益,既要考虑眼前需要,又要考虑远期回报。

第二,制定方案。活动方案就是开展活动的剧本,要通过制定方案,明确活动的组织构架(主办单位、承办单位、合作单位等)、参与对象、时间地点、推广形式以及物资准备、应急措施、人员分工等等,方案内容要全面详细,避免遗漏。

第三,宣传造势。要通过各种媒体或广告渠道,发布活动信息,要让活动参与各方包括目标群体尽可能早和多地了解活动内容,激发其参与热情,使其踊跃参加活动。

第四,组织实施。按照已定方案,周密组织实施。对活动开展过程中出现的新情况、新问题,要及时、妥善解决,确保活动安全有序进行,实现预期目标。

第五,总结提高。活动结束后,要及时总结,大型活动可以召开总结大会的形式进行,总结经验、表彰先进、发现不足,从而不断提升活动质量。

25.POS 系统管理进销存业务的功能有哪些?

POS 系统即销售时点信息系统,是通过自动读取设备在销售出版物时直接读取出版物销售信息,并通过通信网络和计算机系统传送至有关部门,对营销管理、存货盘存、财务分析、采购订货等进行分析加工的信息管理系统。其主要功能有以下几方面。

第一,销售管理。销售出版物的同时,采集出版物名称、单价、销售数量、销售时间、销售店铺等信息,即时了解出版物适销、滞销等销售情况,掌握出版物库存情况,及时做出进货、促销、淘汰等决策,调整进货指标,控制存货数量,优化品种结构,完成库存管理。

第二,财会管理。利用 POS 机加快收款速度,自动打印票据,节约人工成本,生成财务报表,处理应付账款。

第三,订货管理。通过 POS 信息管理系统,可实现高效、高速和低误差向供货商订货等操作。

第四,报表统计。通过 POS 信息管理系统,可在规定时间结转各种相关报表,为各部门业务需要加工报表提供服务。

26.进销业务往来有哪些票据?

进销业务往来票据主要有:送货单、进货单、退货单、销售单、消费者退货单、消费者换货单、零售价调价单、进货调价单等。这些票据都是进销业务往来的凭证,一定要按规定履行签字等程序,妥善保管,随时备查。

27.如何做好应收账款管理?

对应收账款的管理主要应做好三方面的工作。

一是要定制度。企业要制定赊销政策,要对赊销客户的信誉度、赊销期限、赊销审批权限和程序以及实物离场的管理、呆账坏账的清账处理、欠款责任人的处罚、财务监督的实施等做出明确的规定。

二是要明责任。要把应收账款管理每个环节的工作责任落实到岗、落实到人,比如确定赊账销售担保人、欠款催讨责任人等,确保各项工作不脱节、不缺位。

三是要抓落实。应收账款催讨责任人在赊销期限内要积极催款,尽量避免出现拒付、呆账、坏账等情况。财务等管理人员要定期检查催款工作,并督促责任人做出说明。

28.如何处理进销业务信息资料?

出版物进销业务信息资料包括业务指导文件、征订目录、合同契约以及各种社会调查资料等。对于这些资料,一定要参照档案管理办法,按照简便易行、方便查阅的原则,分类编号,统一规格,归档入卷,妥善保管。

29.如何做好进销存分类统计和管理?

出版物发行企业进销存统计管理就是从出版物的采购(进)到入库(存)到销售(销)的动态管理过程。

第一,进销存分类统计。一是统计采购、销售数据,比较各类别出版物进销比例是否合理。二是统计各类别采购、销售、库存在相应总量中的占比,分类比较采购、销售、库存比重是否基本一致。三是统计销售、库存数据,比较类别结构是否合理、数量是否恰当。四是分别统计本期、过去同期采购、销售、库存数据,比较增减绝对量和增减比例。分析比较数据一般利用 Excel 自带工具进行。

第二,进销存分类管理。一般通过编制业务表单来实施,包括采购业务表单、销售业绩表单和库存管理表单。其中,采购业务表单主要包括采购日期、货物编号、供货商、规格、单位、数量、价格等;销售业绩表单主要包括销售日期、货物编号、规格、单位、数量、客户等;库存管理表单主要包括上期库存数量、本期库存数量、本期发出数量、本期结存数量及其对应金额等。然后,利用 Excel 自带工具分析计算出版物库存量、加权平均采购价格、销售收入、毛利润等相关数据。

■● 30.如何编制征订目录?

征订目录编制有三个主要步骤。

第一,确定范围。要结合企业经营范围、销售方式、消费对象、发行渠道、重点时段等,有针对性地确定需要重点征订、推荐的出版物范围。

第二,选择品种。要根据确定的重点征订、推荐的出版物范围,结合新书目录、综合目录、专题目录和现有品种、畅销品种等,精选适销对路的出版物品种。

第三,编制目录。出版物征订目录、推荐目录主要内容包括目录名称、期号、说明和正文。其中,说明包括征订单位、联系人、联系电话、征订时间、注意事项等;正文包括出版物名称、著作者、版别、定价、销售价、出版时间、内容简介等。用于网络发布的电子征订目录,还可增加封面和精彩内容图片等丰富多彩的内容。

■● 31.如何制订年度计划销售指标?

广义上的销售指标,是指一定期限内的销售量、销售费用、销售收入、利润、利润率等。这里所说的年度计划销售指标,仅指年度营业额指标。对于原有出版物发行企业,其计算公式为:

本年度计划销售额＝（上年计划销售额＋上年实际销售额）÷2×(1＋近三年平均销售递增率)

新开的出版物发行企业则要根据所在位置、卖场规模、投资规划、经济形势、市场状况以及潜在消费者收入水平、文化程度、消费理念等合理预测。

32.如何制订库存指标？

库存周转次数是反映库存出版物流动速度的一项指标。其制订方法是，首先，根据近三年数据计算年平均库存周转次数。计算公式为：

年平均库存周转次数＝销货成本/年平均库存

其中：

销货成本＝期初库存＋本期进货－进货费用－退货－折让－期末库存

平均库存＝（期初库存＋期末库存）/2

然后，根据年计划销售指标、年平均库存周转次数计算年库存总量指标。计算公式为：

平均库存总量指标＝计划销售指标/平均库存周转次数

33.如何制订进货指标？

年度进货指标计算公式为：年度进货量＝年度销售指标×进销比例。比如，如果年度销售指标为1000万元，进销比例为1.1∶1，则：年度进货量＝1000万元×(1.1∶1)＝1100万元。

34.如何确定劳动生产率定额？

劳动生产率，是指劳动者在一定时期内创造的劳动成果与其相适应的劳动消耗量的比值。对于发行人员来说，单位时间内出版物销售额越多，劳动生产率就越高，计算公式为：

劳动生产率＝销售额(或出版物数量)/销售时间

确定劳动生产率定额的方法主要有三种:一是将同行业同类型的劳动生产率平均数加同行业同类型的劳动生产率最高数除以2,这种方式较权威,具有说服力。二是以本单位最高劳动生产率为依据,结合现实条件和预计目标,确定劳动生产率定额,这种方式适合门市。三是现场计时测定劳动生产率,以确定劳动生产率定额,这种方式一般只适合单人可独立完成作业的岗位。

■● 35.如何核定盘亏率?

盘亏率就是实际盘点库存与系统理论库存相差的比率。盘亏的原因一般有:错盘、漏盘;收银员收银未入账;出版物丢失;收货错误或空收;报损不及时、不规范;等等。

盘亏率既可以时间段为盘存期,计算亏损率,也可以计算盘存时实际库存与账面库存相比的亏损率,计算公式为:

盘亏率＝亏损总量/库存总量　　　或

盘亏率＝(账面库存量－盘点库存量)/账面库存量

如果盘亏率超出一定范围或出现重大差异,就要启动核查程序,对进销存各个环节进行仔细核查,及时查清和纠正问题,并追究相关人员责任。

■● 36.如何计算分析年度利润?

狭义上讲,利润包括收入和费用的差额,以及其他直接计入益损的利得、损失。广义上讲,利润是收入和费用的差额。包括营业利润、利润总额和净利润三个不同层次的概念。

第一,营业利润。这是企业利润的主要来源。它是指发行企业在销售出版物、提供劳务等日常活动中所产生的利润。

营业利润＝营业收入－营业成本－营业税金及附加－销售费用－管理费用－财务费用－资产减值损失＋公允价值变动收益（－公允价值变动损失）＋投资收益（－投资损失）

第二，利润总额。就是税前利润。是指营业利润加上营业外收入，减去营业外支出后的余额。计算公式为：

利润总额＝营业利润＋营业外收入－营业外支出

其中，营业外收入主要包括：投资收益、非流动资产处置利得、非货币性资产交换利得、出售无形资产收益、债务重组利得、企业合并损益、盘盈利得、因债权人原因确实无法支付的应付款项、补贴收入等。

第三，净利润。是指利润总额减去所得税后的金额，是一个企业经营的最终成果。净利润多，企业的经营效益就好；净利润少，企业的经营效益就差。计算公式为：

净利润＝利润总额－所得税费用

37. 如何处理出版变更？

出版变更就是指预订的出版物因种种原因不能按期出版、供货，甚至不出版的情况。出版变更常常发生在教材、图书馆订货等期货供应中，现货供应的出版物不存在出版变更问题。出版变更不可避免地会给经营者带来不利影响，严重时会引发供货合同违约。

发生出版变更时，一般采取以下方法处理：

一是迅速问清变更的原因、能否出版及何时出版等情况，及时与有关各方联系沟通，以尽量减少损失；

二是部分或全部放弃原订单；

三是更换其他现货或期货出版物品种；

四是若条件允许,可继续等候。

■● 38.如何处理供货脱期?

出版物供货脱期就是订购的出版物脱离了供货期限,甚至无法确定何时履约。避免供货脱期需要销售方与供货方的共同努力。

销售方发出订货请求一定要及时,要经常通过计算机管理系统和人工检索等环节,提前预防供货脱期。

供货方要随时密切关注市场需求动态,及早预测,及早备货,确保及时供货。特别要尽可能保证重点品种、常备品种不出现供货脱期。

■● 39.如何处理发货差错?

出版物发货过程中经常出现的差错包括货单不同行、品种差错、数量差错、收货单差错等。处理时一般有两个步骤。

一是查明原因,保存证据。出现发货差错时,收货单位要通过逐级倒查的办法,查明问题症结所在。比如,是发货单位的品种漏发、数量少发,还是品种错发、数量多发;是包装问题,还是串包差错;是供货单位原因,还是运输部门责任;等等。要把相关环节的证据收集齐全,以备追责和解决。

二是及时联系,协商解决。品种漏发、数量少发,又有存书的,发货单位应及时补发;无书可补的,可开具凭证空退。品种错发、数量多发的,需补开调拨单或请收货单位将错发、多发的出版物退回发货单位。包装差错的,能补发则补发,无法补发的按缺货封签抄列清单,由出版单位补发或收货单位做空退处理。因运输单位责任,造成出版物包件全部或部分丢失、破损、包装污损、受潮、破包缺书或包件有明显拆过痕迹的,由收货单位或发货单位向运输单位索赔;若收货时未能发现问题,则由收货单位承担损失,或由收货单位向运输单位索赔。因运输单位责任造成串包差错的,换包运费由运输单位承担;因发货单位责任造成串包差错的,换包运费由发货单位承担。

▶ 40. 如何解决出版物质量引起的矛盾和纠纷?

出版物是一种特殊的商品,其生产要经过许多环节,程序烦琐复杂,难免出现文字差错、倒装缺页等各种质量问题。处理因出版物质量而引起的矛盾和纠纷,重点要做到两点:守法、诚信。要严格遵守《消费者权益保护法》《产品质量法》等相关法律、法规,维护消费者权益,该调换的调换,该退货的退货,该补偿的补偿,绝对不能扩大矛盾,更不能迫使消费者诉诸法律手段,否则将严重损害企业形象。

▶ 41. 如何解决店堂服务引发的矛盾和纠纷?

在店堂服务过程中矛盾和纠纷在所难免,出现了矛盾和纠纷,不能回避,要防止事态扩大,合理、妥善予以解决。

第一,因企业管理理念或制度缺陷造成的矛盾。这类矛盾一般以消费者投诉的形式出现,发行企业处理这类矛盾一定要站在消费者角度检讨管理理念或制度问题,合情、合理、合法地接受消费者的意见或建议,该修改的规定要及时修改,该解释的要解释,要通过多种途径取得消费者的谅解。

第二,因员工的服务态度或业务技能问题引发的纠纷。这类纠纷大多会引起消费者与员工正面的言语甚至肢体冲突,作为企业管理者,一定要果断处置,要对员工进行批评教育并承担管理责任,要主动向消费者赔礼道歉,合情合理迅速解决纠纷,取得消费者谅解。

42.如何解决消费者无理取闹引起的矛盾和纠纷？

个别消费者由于种种原因可能会无理取闹，从而出现不可理喻的矛盾和纠纷。面对这样的矛盾和纠纷，企业管理者一定要冷静处置。既要坚决维护企业的合法权益，也要继续保持良好的服务态度。一方面，对无理取闹者要动之以情，晓之以理，摆事实，讲法理；另一方面，也要维护员工的人格尊严，保护员工的工作积极性，争取妥善解决。同时，要有最坏的准备，一旦僵化，就要考虑运用法律武器保护企业和员工的利益。

43.如何避免或减少门市出版物丢失？

造成门市出版物丢失的原因无非是制度缺失、外偷内盗。因此，避免或减少门市出版物丢失需要从两方面入手。

一是要定制度。要制定包括发货工作标准流程的收发货记录制度，明确责任人，做好收发货记录表；要制定涵盖库房管理在内的各个环节的管理制度，确保出版物堆放整齐、分类清楚、品种不串位；要制定严格的收银监督管理制度，严禁公款、私款相混，确保营业款及时清算、及时存入银行；要制定规范的出版物进出门登记制度以及应收款登记、回款登记、责任人制度；等等。

二是要抓落实。要对制定的制度严抓落实。要走动巡视、添货理架，随时观察，防止外偷；要在门市开门和关门时多人监督作业；要对收银差错严格理赔；要确定盘亏率，实行按码洋超盘亏率全赔、低盘亏率全奖等。要严厉惩罚内盗，出现内盗，要将相关人员调离岗位，甚至终止劳动合同，移送司法机关，决不能姑息养奸。

44.发行企业如何参与出版物展销活动?

《出版物市场管理规定》第二十七条规定,省、自治区、直辖市新闻出版行政部门和全国性出版、发行行业协会,可以主办全国性的出版物展销活动。主办单位应提前两个月报国家新闻出版广电总局备案。全国性出版、发行行业协会可以主办跨省专业性出版物展销活动;市、县级新闻出版行政主管部门和省级出版、发行协会可以主办地方性的出版物展销活动,主办单位应提前两个月报上一级出版行政主管部门备案。

发行企业参与出版物展销活动一般有以下步骤。

第一,了解展销活动信息。包括时间、地点、主承办单位、参展对象、主要活动、展位设置、相关要求等等。

第二,报名。要根据展销活动主题,结合自身业务需要,明确参展目的,确定是否参展。

第三,预订展位。要按主办方要求,及时报送展位申请回执。

第四,预付展位订金。按主办方要求,预付一定比例展位订金。

第五,挑选确认展位。一般来讲,主办方会根据活动需要,制定展位挑选办法,通过排序、抽签等方式确定展位。

第六,组织参展出版物并报审。结合参展主题和企业需要,选择参展出版物,并制作参展出版物目录,报主办方审核。

第七,参展。发运出版物,组织参展人员,缴纳保证金,办理相关手续,装修布置展位,开展展销活动。

第八,撤展。按规定时间和要求,结清相关费用(有的会在确认展位后付清展位租赁费等相关费用),参展人员有序撤回未售参展出版物。

三、网上书店

1. 什么是网上书店？

网上书店，是指以互联网为媒介进行出版物交易活动的书店。1995年，世界上第一家网上书店亚马逊正式在美国成立，20多年来，网上书店发展迅速。

2. 开设网上书店需要哪些条件？

《出版物市场管理规定》第十五条规定，单位、个人通过互联网等信息网络从事出版物发行业务的，应当按规定取得出版物经营许可证。

已经取得出版物经营许可证的单位、个人在批准的经营范围内通过互联网等信息网络从事出版物发行业务的，应自开展网络发行业务后15日内到原批准的出版行政主管部门备案。

3. 与实体书店图书销售相比网上图书销售有哪些优势？

网上销售图书品种齐全，打破了图书展示的物理空间限制。同时，网上销售还打破了时空局限，可在任意时间、任意地点，通过多种工具，选择任意书店，购买任意图书。网上图书销售还能提供多种形式低成本的增值服务，如新书推荐、畅销书排行、读者评论、作者访谈、专家点评、一对一的沟通和追踪服务等。它的多种检索方式使查找图书更加便捷迅速。网上图书销售出货快速，送货及时。由于无须大的卖场、库房和大量的员工，经营成本低，图书的售价更加优惠。

4.出版物网络销售渠道建设主要有哪些方式?

做好网络销售,对于实体书店营销渠道的拓展至关重要。一般来讲,网上销售渠道建设有三种主要方式。

第一,做网上零售商的供应商。这种方式主要适用于出版单位和批发企业。做网上零售店的供货商跟传统的销售模式并无多大的区别,出版单位或批发企业不需要增加额外的投入。但这种方式的缺点是主动权掌握在网上零售商手里,销售业绩会受到诸多因素的限制,供应商对网上零售商难以控制。

第二,自建销售网站。这种方式主要适用于自办发行的出版单位和有实体门店的发行企业。这种方式对资金和技术要求较高,开发时间稍长,需要同时涉及网上支付、网络安全、商品配送等一系列问题,需要专人经营管理。

第三,开设网上书店。这种方式可以不设实体书店,直接在网上出售出版物。网上书店可以合理利用电子商务平台提供的强大功能,不必一次性投入大量的资金,避免了复杂的技术开发,适用范围更加广泛,风险较小。当然,利用网上书店获得理想的收益也不是一件容易的事情。

5.国内图书销售电商主要有哪些?

国内目前图书销售电商影响最大的有:当当、亚马逊、京东商城等。

6.电商初级运营基础岗位有哪些?

电商初级运营基础岗位主要有六个:

一是设计策划岗位,包含美工、网站编辑、网页设计人员等;

二是运营管理岗位,包含电子商务运营总监、店长、客服主管等;

三是推广销售岗位，包含营销文案策划、市场主管、采购主管、运营主管等；

四是客服岗位；

五是技术经理和网站维护技术人员岗位；

六是仓储岗位，包含仓库主管、打包员、配货员等。

7.电商各个岗位考核要点有哪些？

各个岗位共同的考核有工作态度和工作能力两个要点。工作态度不外乎主动性、责任心、纪律性、团队协作和执行力，工作能力包含专业能力、判断力、应变能力、创新能力和管理协调能力。除此之外，岗位考核最重要的是绩效考核部分。

第一，设计策划岗位，主要考核工作量、点击率、设计完成率等。

第二，运营管理岗位，主要考核销售额、市场覆盖率、市场占有率等整体指标。

第三，推广销售岗位，主要考核指标完成量、访客数、浏览量、支付买家数、支付转换率、支付金额、客单价、收藏人数、加入人数、详情页跳出率、平均停留时长、UV平均获取成本、投资回报率（ROI）、商品到货率、商品到货时间、商品折扣、商品账期、商品付款比例等。

第四，客服岗位、主要考核指标完成量、响应时间、服务态度、咨询转换率等。

各个考核要点所占权重根据各企业实际情况而定。

8.传统书店拓展电商渠道要注意哪些问题？

一是要明确目标，是做品牌还是做销售，是要销量还是要利润。

二是要安排熟悉产品的人做。

三是要有打破现有业务流程和管理架构的思想准备。

● 9.店铺运营需要哪些辅助软件？

店铺运营辅助软件总的来说有三种：

一是数据分析类软件，比如天猫的生意参谋，京东的商智；

二是运营工具类软件，比如快递面单打印、店铺装修、商品批量管理等软件；

三是管理类软件，比如会员管理的客户关系管理（CRM）类、客服绩效类软件。

● 10.店铺数据分析有哪些关键指标？

店铺数据分析关键指标主要有四项：

一是访客数（UV），访客数代表进店的人数；

二是浏览量（PV），代表进店的顾客看了多少产品；

三是客单价，即每一个顾客平均购买商品的金额，也即是平均交易金额；

四是转化率，就是所有到达店铺并产生购买行为的人数和所有到达店铺的人数的比率。计算方法为：

转化率＝（产生购买行为的客户人数/所有到达店铺的访客人数）×100％

其他指标根据各网上书店具体情况而定。

● 11.店铺如何进行商品规划？

根据自身情况确定经营范围，找准目标客户，优化商品结构，引入新品，淘汰滞销品，培养畅销品种，优化调整商品价格体系，合理设置库存量，寻求潜在客户，为客户提供各种增值服务。

12.线上营销与线下营销各有何优劣？

线上营销是利用互联网平台来进行推广，手段多样，信息传播力度很强，而且可以为企业带来更广的知名度，同时能迅速有效地了解客户需求。优点是突破地域和时空限制，顾客可以来自全球；缺点是顾客无法获得对商品的真实体验。线下营销则是针对有限范围的顾客群体来进行营销，常常用会议会展等方式来吸引顾客。优点是客户看得见摸得着，比较真实；缺点是需要大量人力物力财力，成本较高。

13.新开线上店铺如何获取流量？

一是优化图书商品，将关键字搜索范围扩大到最大，充分考虑关键字前后排名位置的合理性。

二是优化图书上架时间，利用好推荐。

三是优化手机客户端，好标题能带来大流量，好的详情页能留住流量。

四是用内容营销引导买家。

五是利用好后台免费营销活动，如送红包、购物车营销等。

六是淘宝店铺可参加淘宝金币活动。

七是加入消费者保障服务。

八是利用辅助工具获取流量，如淘宝助理、百度等。

14.如何解读店铺流量来源？

店铺流量的来源包含自然流量、直接点击流量、直通车流量、淘宝客或者其他少量的流量。自然流量需要研究平台排名规则，选择适合自身的关键词去竞争排名。直接点击流量需要做好店铺收藏和关注的工作。直通车则是花钱打广告。其他活动多参加，也能提高店铺流量。

15. 如何提升上架商品搜索排名?

一是做好在平台上的推荐。

二是类目相关性要好。

三是标题相关性要好。

四是调整好商品上架时间。

五是提高店铺的信用度。

六是提高销量。

16. 线上店铺手机端装修要点有哪些?

第一,吸引,留住消费者。

第二,导购,方便消费者购物。

第三,突显网店个性与魅力。

17. 线上店铺日常营销方式有哪些?

线上店铺日常营销方式主要有以下几种。

第一,店内促销。利用冲量、团购、会员制、满就送、限时打折、优惠券、包邮、换购、抽奖、送抵价券或积分等多种促销手段来促销。店内促销需要买家进店才知道。

第二,平台推广。如淘宝店铺可利用直通车、钻石展位、淘宝客、超级卖霸等,把活动推广到线上交易平台上。

第三,软性营销。通过人物访谈、书评、组织阅读与评选出版物等活动进行营销。

18. 如何考核售前客服?

考核重点:业绩、服务、效率、准确性。

整体考核:服务态度、卖家发货速度、店铺销售额。

单个考核:引导销售额、询单转化率、客单价、客件数、接待量、响应时长、响应率、好评和差评数、投诉和纠纷数等。权重根据实际情况而定。

■ **19. 如何考核售后客服？**

考核重点：服务、质量、效率。

整体考核：服务态度、纠纷率、退款率、处理时长。

单个考核：接待量、响应时长、响应率、好评和差评、投诉笔数、纠纷笔数、处理时长、退款笔数、平台消费者客服介入自主完结率、误退笔数等。权重根据实际情况而定。

■ **20. 客服团队自建好还是外包好？**

自建团队的优点是沟通时效性高，有助于快速地实施和调整，了解书店的整体情况，更能切合实际操作，学习的经验能直接被吸收；缺点是人员和管理成本高。外包的优点是成本低，可控，专业度高；缺点是学习不到第一手经验，设想操作与书店实际情况需要磨合。

■ **21. 客服主要工作职能有哪些？**

售前客服是网店的形象，是和客户直接交流的重要角色，其首要的工作就是要做好消费者购物的引导工作，做到"不放过每个进店的客户"，并且尽可能提高客户进店购物的客单价，提高全店的询单转化率。只要出版物寄出，所有的问题就归售后客服来处理，售后客服的职能包括退换货，解决物流问题，处理客户的反映和投诉、中差评等。售后客服要做到所有的售后问题都不是问题，要让客户感觉到优质的售后服务，从而提高客户的忠实度。

■ **22. 什么是 CRM 系统？**

CRM 系统指的是客户关系管理系统，CRM 的意思是客户关系管理。CRM系统可通过对客户详细资料的深入分析,来提高客户的满意程度,从而提高企业竞争力。CRM系统将客户资料及跟进信息全部记录在系统内,形成强大的客户资源库。企业可据此将客户资源牢牢地掌握住,支持根据销售人员的跟进情况回收客户,避免资源浪费。员工离职后,公司可以冻结其账号,保护客户资料不流失。且方便新的业务员了解客户跟进情况,及时跟进客户,避免客户资源流失给企业带来损失。

23.CRM系统针对网店能解决哪些问题?

CRM系统可实现与电商平台的数据互通。将电商平台中的买家联系信息、商品信息、交易订单及商品评价信息自动导入CRM系统,CRM系统可帮助电商对买家的完整下单过程进行跟进,记录与买家的沟通联系记录、定时联系提醒、异常情况等信息。CRM系统可帮助电商实现对买家的购买行为进行分析,包括买家的购买频率、购买次数、购买总金额、购买客单价等信息。CRM系统通过对买家订单情况的分析,可以帮助商城实现对商品热度的分析,了解商品好评度及合理安排店铺销售的产品清单。CRM系统帮助商城记录客户问题反馈,包括处理者、处理结果,整理归纳异常情况的解决方法,存储知识文档,形成统一的知识库,可方便下次同类问题的解决。

第六部分
出版物公共服务及政府采购

一、公共图书馆和基层书屋

1.什么是公共图书馆？

公共图书馆，是指由各级政府管理、资助和支持，免费为社会公众服务的图书馆。公共图书馆是人类社会文明发展的产物。在我国，公共图书馆一般是指由国家、人民团体或人民群众组织建立、支持和资助，为人民大众服务，按行政区划设置，受各级文化行政部门领导的图书馆，主要包括国家图书馆，省、自治区、直辖市图书馆，地区、市、州、盟等行政区图书馆，县（区）图书馆，乡镇图书馆，街道图书馆，少儿图书馆等等。公共图书馆内收藏的出版物学科广泛，面对读者成分多样，既可以为一般群众服务，也可以为儿童、工人、农民等特定读者群体服务。公共图书馆主要有三个特征：设立经营依法、政府税收支撑、向所有公民开放。

2.公共图书馆的主要职能是什么？

1975年，国际图书馆协会联合会（简称国际图联）将传统的公共图书馆的职能概括为四条。

一是保存人类文化遗产。这是一项最古老的职能，现代图书馆不但保存手写和印刷形态的文献，还保存其他载体形式的资源。进入信息社会以后，这项职能又被赋予了新的内涵，形成了多载体、全方位保存的新格局。

二是开展社会教育。这项职能主要是要教育广大读者知道猎取文献资源的过程和方法，掌握终身学习的技能。进入信息社会以后，如何让读者通过网络环境获取新知识，掌握新技能，培养自觉能力，如何了解和利用信息资源，又成为这项职能的新内容。

三是传递科学信息。图书馆通过书刊借阅、宣传报道、参考咨询、馆际互借、讲座等途径，使读者能迅速、准确地获得所需的科学信息。进入信息社会以后，图书馆借助于遍布全国，乃至全球的计算机网络，速度更快、范围更大地传递海量信息。

四是开发智力资源。图书馆通过对馆内文献进行分类编目、馆外资源搜集过滤、馆藏文献数字化以及信息资源整理、分析、综合、引导等，形成有秩序、有规律、源源不断的用于交流和传递的信息流，实现资源共享，使文献资源最大限度为读者所用。

近年来，随着科学技术的飞速发展和人民群众文化需求的不断增长，公共图书馆又被赋予了新的职能。比如，一些图书馆成为引导大众阅读的风向标，成为一个区域社会活动的主阵地，成为社会信息咨询的中心。

3.我国公共图书馆大致有哪些?

在我国,公共图书馆大多是以省(自治区、直辖市)、市、县、乡等行政区域划分为基础的。按行政区域分,主要包括:国家图书馆、省级图书馆、市级图书馆、县级图书馆等等。

4.我国公共图书馆发展状况如何?

总体看,改革开放以来,随着经济的飞速发展,文化事业的发展也取得了长足的进步,公共图书馆事业欣欣向荣,财政投入稳步增加,设施设备明显改善,文献资源日益丰富,服务能力不断提高,社会效益显著增强,信息化水平快速提升,基本实现全覆盖。但是,总量不足、资源偏少、设施落后、地区发展不平衡等问题仍很突出,特别是人均图书馆占有量和人均图书占有量两项指标与国际标准相比差距明显。近年来,国家大力推进公共服务均等化,对公共图书馆的投入不断增加,我国公共图书馆发展空间还非常大,发行企业积极参与各级各类公共图书馆建设,既能为公共文化事业建设贡献力量,也能为企业自身发展赢得新的机遇。

5.什么是基层书屋?

基层书屋,就是指设在企业、农村、机关、学校、科研院所、街道社区、社会组织、人民解放军连队和其他基层单位的具有出版物公共服务性质的图书室、阅览室等。与公共图书馆相比,基层书屋面积较小、出版物拥有量较少,面对的读者群较窄。比如,农家书屋、社区书屋、机关书屋、职工书屋、医院书屋、学校图书室、连队阅览室、监狱图书室等等,都属于基层书屋。

6.公共图书馆和基层书屋出版物采购有哪些方式?

公共图书馆和基层书屋出版物采购主要有四种方式。

一是政府采购。通过公平、公开、公正的招标程序,引入竞争机制,可以获得较大折扣,从而以较少资金获得更多的出版物和服务。同时,增强采购过程透明度,可有效避免采购过程中的腐败现象。国有书店、民营书店以及其他具备资质的发行企业都可参与竞标。

二是现场采购。一般是通过图书订货会或展销会(书市)进行采购,或者采购人员直接到书店、批销中心现场采购。近年来,全国知名的图书博览会、书市大都开设了图书馆馆配专场,采购现场就有出版物样本,采购的直观性、时效性、针对性强,出版物质量一目了然,但成本相对较高。

三是预订购书。即通过书目预订。

四是网上订购。网络的发展,为出版物采购提供了更大范围、更为快捷的选择条件。网上订购,资源共享、信息互通、下载快捷、数据全面,使出版物采购工作更为科学。

近年来,基层书屋出版物基本通过政府招标采购方式采购,其他三种采购方式作为特殊情况下的补充采购。

7.如何做好馆配服务?

经过多年的发展,馆配市场已经从大而全的粗犷发展阶段进入逐渐精细化、细分化、专业化的发展阶段。但不论怎么发展,做好图书馆出版物配送和服务才是馆配企业赢得市场的主要法宝。

一是要诚实守信。发行企业在通过投标或其他方式获得图书馆馆配业务后,要严格按照合同要求,进行出版物选购和配送。不得随意更换书目,不得以次充好,不得延迟送货。如因特殊情况确需更换书目或延迟送货,必须事先征得采购人同意,有些还需要通过法定程序签订补充协议。

二是要服务专业。近年来,馆配业务已延伸至出版物分类、编目、录入、上架等相关服务领域。专业服务是馆配商发展的方向。参与馆配的发行企业必须建立一支专业的技术团队,高质量地为图书馆做好服务工作。无论是大型馆配企业还是中小型馆配企业,只有全方位满足客户需求,才能在竞争激烈的馆配市场占有一席之地,可以说,服务专业与否决定成败。

三是要跟进回访。参与馆配的发行企业应指定专人,对有业务往来的图书馆定期进行回访,听取意见建议,及时采纳,改进工作,并对馆配过程中出现的问题及时予以解决。良好的合作关系有利于再次馆配业务的获得。

二、政府采购

■● 1.什么是政府采购?

政府采购,是指各级国家机关、事业单位和团体组织,使用财政性资金采购依法制定的集中采购目录以内的或者采购限额标准以上的货物、工程和服务的行为。政府采购不仅是指具体的采购过程,而且是采购政策、采购程序、采购过程、采购管理的总称,是一种对公共采购管理的制度,是一种政府行为。

■● 2.政府采购有哪些方式?

政府采购一般采用以下六种方式:

第一,公开招标;

第二,邀请招标;

第三,竞争性谈判;

第四,单一来源采购;

第五,询价;

第六,国务院政府采购监督管理部门认定的其他采购方式。

● 3.政府采购有哪些程序?

政府采购中,不同的采购方式有不同的采购程序,一般来讲,要经历以下几个步骤。

第一步,制定采购计划,公开采购需求。

采购计划必须细致、周全,要明确采购政策、采购目标、采购程序、人员组成、采购方式、采购规则,有的甚至合同主要内容都要在计划中确定下来。采购计划确定以后,采购机构应通过合适的渠道向社会公开采购需求信息。

第二步,选择采购方式。

政府采购选择哪种方式,主要取决于能否通过合理的竞争方式实现效益最大化。一般而言,采购数额达到一定额度,实行公开招标方式采购;涉及紧急情况的采购,或涉及高科技应用产品和服务的采购,可采用竞争性谈判方式采购;垄断行业或保密行业,可采用单一来源或询价方式采购。总之,要结合采购的性质、数量、质量、时间要求等多种因素,以符合法规要求的方式和公开、有效竞争的原则实施政府采购。

第三步,签订采购合同。

采购机构按照法定的采购方式要求,通过资格审查、专家评审、公告公示等环节后,与中标供应商签订采购合同。一般来讲,中标供应商签订合同时需按标准交纳一定数额的履约保证金,作为履约义务的必要保证。

第四步,执行采购合同。

这个阶段,采购机构或采购人必须监督供应商履行合同,包括考察供应商生产、交货等情况,一旦发现有违反合同的问题,要及时指出和解决,做好验收、结算和效益评估等工作。履约完毕,注意收集反馈信息。

4.出版物政府采购有哪些主要特点?

近年来,国家大力投入公共文化服务基础设施建设,出版物政府采购有持续性,涉及面广,资金量大,体现出三个主要特点。

一是权威性。出版物政府采购,在一定意义上说,代表了政府立场,对出版物的指向性强,要求较高。

二是公共性。出版物政府采购,是国家财政支持下的采购,采购的出版物是公共物品,全体公民共同享有。

三是服务性。政府采购的出版物,基本用于各级各类公共图书馆(室、屋),免费为全体公民提供服务。

5.如何获取出版物政府采购信息?

出版物政府采购信息是以招标公告的形式,通过招标人依法指定的媒介,比如政府采购网站或采购单位门户网站等对外发布,有时,也通过报纸、互联网等媒体发布。《中华人民共和国招标投标法》第十六条第一款规定:"招标人采用公开招标方式的,应当发布招标公告。依法必须进行招标的项目的招标公告,应当通过国家指定的报刊、信息网络或者其他媒介发布。"

出版物政府采购招标一般采取两种模式实施:集中采购和分散采购。集中采购又分集中采购机构采购和部门集中采购,主要针对政府采购目录内的采购项目,比如近年来实施的农家书屋工程,大都委托集中采购机构代理采购;各级图书馆出版物馆配,大都实行部门集中采购。分散采购主要针对政府采购目录外的采购项目,也必须按照政府采购程序实施,并不是随意采购,既可由采购单位自己组织,也可委托招标公司实施。

6.什么是公开招标?

公开招标是政府采购的主要方式,属于无限制性竞争招标。就是招标人通过依法指定的媒介发布招标公告,邀请所有不特定的潜在投标人参加投标,并按照法律规定程序和招标文件规定的评标标准和方法确定中标人。符合招标项目规定的资格条件的投标人,不受所在地区、行业限制,均可申请参加投标。公开招标竞争充分,不容易串标、围标,有利于从广泛的竞争者中选择合适的中标人并获取最佳竞争效益,能最大限度地体现公开信息、规范程序、公平竞争、客观评价、公正选择、优胜劣汰等市场机制的本质要求。

依法必须公开招标的主要有三类。

一是国家重点项目和省、自治区、直辖市人民政府确定的地方重点项目。

二是国有资金占控股或者主导地位的依法必须进行招标的项目。

三是其他法律法规规定必须进行公开招标的项目。

因需求条件和市场供应限制而无法实施的依法必须公开招标的项目,在法规允许范围内,报经政府采购监督管理部门审批、核准、认定,可以邀请招标方式实施。

7.什么是邀请招标?

邀请招标,就是招标人通过投标邀请书直接邀请特定的潜在投标人参加投标,并按照法律程序和招标文件规定的评标标准和方法确定中标人,属于有限竞争性招标,也称选择性招标。邀请招标的主要优点是,招标人可以按照项目需求特点和市场供应状态,有针对性地选择资格能力、价值目标以及对项目重视程度等最相近的潜在投标人,并通过科学的评标标准和方法实现招标,其工作量和招标费用相对较小,可获取基本或者较好的竞争效果。但与公开招标相比,投标人数量相对较少,竞争开放度相对较弱,招标人掌握投标人信息相对局限,有可能得不到最合适的投标人和最佳竞争效益。

下列情形之一,经批准可以邀请招标:

一是涉及国家安全、国家秘密或者抢险救灾,适宜招标但不宜公开招标的;

二是项目技术复杂或有特殊要求,或者受自然地域环境限制,只有少量潜在投标人可供选择的;

三是采用公开招标方式的费用占项目合同金额的比例过大的。

非依法必须公开招标的项目,由招标人自主决定公开招标还是邀请招标。

8.什么是竞争性谈判?

竞争性谈判,就是采购人或者采购代理机构直接邀请三家以上供应商就采购事宜进行谈判的采购方式。其主要特点:一是缩短了准备期,采购项目能尽快得以完成,早日发挥作用。二是减少了工作量,通过供求双方灵活的谈判实施,省去了开标、投标等工作环节,提高了工作效率,减少了采购成本。三是能够降低采购风险。此外,一些项目还有利于对民族工业的保护。

《中华人民共和国政府采购法》规定,采用竞争性谈判方式

进行的政府采购应当具备以下四项条件之一:

一是采用招标的方式后没有供应商投标,或者没有合格标的,或者重新招标未能成立的;

二是技术复杂或者性质特殊,不能确定详细规格或者具体要求的;

三是采用招标所需时间不能满足用户紧急需要的;

四是不能事先计算出价格总额的。

此外,根据财政部规定,投标截止时间结束后参加投标的供应商不足三家的,或在评标期间出现符合专业条件的供应商或者对招标文件做出实质响应的供应商不足三家的,报经政府采购监督管理部门批准,可以采用竞争性谈判方式采购。

9. 什么是单一来源采购?

单一来源采购是采购人向特定的一个供应商采购的一种政府采购方式,单一来源采购只同唯一供应商、承包商或服务提供者签订合同。客观地讲,采购方处于不利地位,有可能增加采购成本,同时,谈判过程中也容易滋生索贿受贿等腐败现象,对此,《中华人民共和国政府采购法》做了相应的规定。下列情形之一,可以采用单一来源采购:

一是只能从唯一供应商处采购的;

二是发生了不可预见的紧急情况,不能从其他供应商处采购的;

三是必须保证原有采购项目一致性或者服务配套的要求,需要继续从原供应商处添购,且添购资金总额不超过原合同采购金额10%的。

10. 什么是询价采购?

询价采购,顾名思义就是通过采取询问供应商价格的方式进行政府采购,是指对几个供货商(至少三家)的报价进行比较,以确保采购价格具有一定竞争性的一种采购方式,一般适用采购的货物规格、标准统一,现货货源充足且价格变化幅度小的政府采购项目。询价有以下特点:

一是邀请报价的供应商数量至少要有三家;

二是不得同某一供应商或承包商就报价进行谈判,供应商或承包商只允许提供一个报价,而且不得改变;报价可以采用电传、传真、信函等方式提交;

三是一般与符合采购实际需求、质量和服务相等且报价最低的供应商或承包商签订采购合同。

11.什么是招标?

招标,就是指招标人(买方)发出招标公告或投标邀请书,说明招标的工程、货物、服务的范围、标段(标包)划分、数量、投标人(卖方)的资格要求等,邀请特定或不特定的投标人(卖方)在规定的时间、地点按照一定的程序进行投标的行为。招标是一种国际上普遍运用的、有组织的市场交易行为,是工程、货物、服务贸易方式的一种,相对于投标,称之为招标。《中华人民共和国招标投标法》规定,招标方式分为公开招标、邀请招标。

12.什么是招标人?

招标人是指在招标投标活动中提出招标项目、进行招标的法人或者其他组织。

第一,根据《中华人民共和国民法通则》的规定,法人是指具有民事权利能力和民事行为能力,并依法享有民事权利和承担民事义务的组织,包括企业法人、机关法人和社会团体法人。法人必须具备的条件包括:必须依法成立,必须具有必要的财产

（企业法人）或经费（机关、社会团体、事业单位法人），有自己的名称、组织机构和场所，能够独立承担民事责任。

其他组织，是指不具备法人条件的组织。主要包括：法人的分支机构；企业之间或企业、事业单位之间联营，不具备法人条件的组织；合伙组织；个体工商户等。

第二，招标人必须提出招标项目，进行招标。提出招标项目，就是采购需要依据《中华人民共和国招标投标法》规定，提出拟招标项目，办理有关审批手续，落实资金来源等。进行招标，就是提出招标方案，决定招标方式，编制招标文件，发布招标公告，审查潜在投标人资格，主持开标，组建评标委员会，确定中标人，签订合同，等等。

13.什么是招标代理机构？

招标代理机构，就是指依法设立、受招标人委托代为组织招标活动，并提供相关服务的社会中介组织。

第一，招标代理机构的性质。招标代理机构既不是行政机关，也不是从事生产经营的企业，而是为招标人提供服务的，独立于任何行政机关的组织。招标代理机构可以作为有限责任公司等多种组织形式存在，自然人一般不能从事招标代理业务。

第二，招标代理机构需依法登记设立。招标代理机构的设立不需有关行政机关的审批，但其从事有关招标代理业务的资格需要有关行政主管部门审查认定。

第三，招标代理机构的业务范围。主要是从事招标代理业务，即接受招标人委托，组织招标活动。具体工作包括：帮助招标人或受其委托拟定招标文件，审查投标人资质，组织评标、定标，提供与招标代理业务相关的咨询、代书及其他服务。

14. 什么是标的？

标的，是法律行为所要达到的目的，是指合同双方当事人权利和义务所共同指向的对象，比如工程项目、货物、劳务等。标的是一切合同的必备条款，是合同成立的必要条件。

15. 什么是标底？

标底，就是对准备实施招标采购的项目计算出的合理基价。标底不等于概（预）算，也不等于合同价格。如果采用暗标暗投的方法，那么标底就是招标单位的绝密资料，不能向任何无关人员泄露。现在多采用明标暗投的方法，标底事先公布，以控制投标的报价，所有投标报价不得超过标书中规定的范围，否则无效。评标时参考标底，如果是综合评标，一般按其报价与标底的比值计算得分；如果单纯以价格评标，则最低报价中标。

16. 公开招标公告具体内容有哪些？

公开招标最显著的特征，就是招标人以招标公告的方式邀请不特定的法人或者其他组织投标。因此，招标公告极为重要，其内容必须真实、准确、完整，一经发出，即构成招标活动的要约邀请，招标人不得随意更改。一般来讲，招标公告基本内容包括：

第一，招标项目所具备的招标条件说明，包括招标项目名称、项目审批、核准或备案机关名称、资金来源等；

第二，招标项目规模、招标范围、标段划分或标包数量等；

第三，招标项目的实施时间，工程施工工期，或货物交货日期，或提供服务时间等；

第四，招标项目的实施地点，或交货地点，或服务地点；

第五，投标人或供应商或服务商资质、资格等级要求；

第六，获取招标文件的时间、地点、方式，以及招标文件售价；

第七，递交投标文件的地点和投标截止日期；

第八，联系方式，包括招标人、招标或采购代理机构项目联系人的名称、地址、电话、传真、网址、开户银行及账号等；

第九，其他需要明确的事项。

17.邀请招标资格预审公告基本内容有哪些？

邀请招标资格预审公告基本内容包括：

第一，招标文件编号；

第二，招标内容，包括具体项目名称、用途、实际采购数量、简要技术要求或招标项目性质等；

第三，供应商资格要求及需提交的资格证明文件内容；

第四，提交资格申请及证明材料的截止时间及地点；

第五，资格审查的时间及地点；

第六，联系人姓名及电话等联系方式；

第七，其他需要明确的事项。

18.什么是招标文件？

招标文件，就是招标人向潜在投标人发出的，告知项目需求、招标投标活动规则和合同条件等信息的要约邀请文件。招标文件是项目招标投标活动的主要依据，对招标投标活动各方都具有法律约束力。根据功能作用不同，招标文件可以分成三部分。

一是阐述招标项目需求概况和招标投标活动规则的招标公告或投标邀请书、投标人须知、评标办法、投标文件格式等，对参与项目招标投标活动各方都有约束力，但一般不构成合同文件。

二是全面描述招标项目需求的工程量清单、设计图纸、技术标准和要求、合同条款等,这是合同文件构成的重要内容,是招标投标活动的主要依据,对招标人和中标人具有约束力。

三是项目地址、水文、地质、气象、交通等参考资料,以供投标人了解分析与招标项目相关的信息。

19.招标文件的主要内容有哪些?

招标文件至少应包括以下两个方面的内容。

第一,招标公告。

第二,投标人须知。这一部分内容较多、较细,主要是具体制定投标商在投标时须遵循的投标规则,主要内容有:

(一)投标费用;

(二)投标商资格要求;

(三)货物、技术、服务要求;

(四)招标文件和投标文件的澄清程序;

(五)投标文件的内容要求;

(六)投标语言(特别是国际性招标,必须规定投标语言);

(七)投标价格和货币规定;

(八)修改和撤销投标的规定;

(九)标书格式要求;

(十)投标保证金要求;

(十一)评标标准和程序;

(十二)优惠规定;

(十三)投标程序;

(十四)投标有效期和投标截止日期;

(十五)开标时间、地点等。

20.什么是投标?

投标,就是指投标人应招标人特定或不特定的邀请,按照招标文件要求,在规定的时间和地点主动向招标人递交投标文件,并以中标为目的的行为,投标与招标相对应。

21.什么是投标人?

《中华人民共和国招标投标法》第二十五条规定:"投标人是响应招标、参加投标竞争的法人或者其他组织。依法招标的科研项目允许个人参加投标的,投标的个人适用本法有关投标人的规定。"

22.法律法规对投标人有哪些具体要求?

《中华人民共和国招标投标法》第二十六条至三十三条对投标人进行了明确的法律规范,主要内容包括以下几方面。

第一,投标人应当具备承担招标项目的能力;国家有关规定对投标人资格条件或者招标文件对投标人资格条件有规定的,投标人应当具备规定的资格条件。

第二,投标人应当按照招标文件的要求编制投标文件。

第三,投标人应当在招标文件要求提交投标文件的截止时间前,将投标文件送达投标地点。

第四,投标人在招标文件要求提交投标文件的截止时间前,可以补充、修改或者撤回已提交的投标文件,并书面通知招标人。补充、修改的内容为投标文件的组成部分。

第五,投标人根据招标文件载明的项目实际情况,拟在中标后将中标项目的部分非主体、非关键性工作进行分包的,应当在投标文件中载明。

第六,两个以上法人或者其他组织组成联合体,以一个投标人的身份共同投标的，联合体各方均应当具备承担招标项目的相应能力；国家有关规定或者招标文件对投标人资格条件有规定的，联合体各方均应当具备规定的相应资格条件。由同一专业的单位组成的联合体，按照资质等级较低的单位确定资质等级。联合体各方应当签订共同投标协议，明确约定各方拟承担的工作和责任，并将共同投标协议连同投标文件一并提交招标人。联合体中标的，联合体各方应当共同与招标人签订合同，就中标项目向招标人承担连带责任。

第七，投标人不得相互串通投标报价，不得排挤其他投标人的公平竞争，损害招标人或者其他投标人的合法权益。投标人不得与招标人串通投标，损害国家利益、社会公共利益或者他人的合法权益。禁止投标人以向招标人或者评标委员会成员行贿的手段谋取中标。

第八，投标人不得以低于成本的报价竞标，也不得以他人名义投标或者以其他方式弄虚作假，骗取中标。

■ 23.什么是投标文件？

投标文件，就是指投标人应招标文件要求编制的响应性文件。投标文件一般包含三个部分，即商务部分、技术部分、价格部分。

第一，商务部分。主要包括公司资质、公司业绩、各种证件、报告等一系列介绍公司情况的内容。

第二，技术部分。主要包括工程的描述、设计和施工方案等技术方案，以及与技术相关的工程量清单、人员配置、图纸、表格等资料。

第三，价格部分。主要包括投标报价说明、投标总价、主要材料价格表等。

24.开标有哪些法定要求?

《中华人民共和国招标投标法》第三十四条至三十六条规定,开标应当在招标文件确定的提交投标文件截止时间的同一时间公开进行;开标地点应当为招标文件中预先确定的地点。开标由招标人主持,邀请所有投标人参加。开标时,由投标人或者其推选的代表检查投标文件的密封情况,也可以由招标人委托的公证机构检查并公证;经确认无误后,由工作人员当众拆封,宣读投标人名称、投标价格和投标文件的其他主要内容。招标人在招标文件要求提交投标文件的截止时间前收到的所有投标文件,开标时都应当当众予以拆封、宣读。开标过程应当做记录,并存档备查。

由此可以看出,开标主要包括密封情况检查、拆封、唱标及记录存档等程序和内容。

第一,密封情况检查。

投标文件密封情况检查由投标人或者其推选的代表当众进行,也可由招标人委托的公证机构检查并公证。若投标文件未密封,或者有拆开痕迹,则不能进入后续程序。

第二,拆封。

招标人或其委托的招标代理机构工作人员,在开标现场当众拆封所有在招标文件要求提交投标文件的截止时间之前收到的合格的投标文件。

第三,唱标。

招标人或者其委托的招标代理机构工作人员,根据法律规定和招标文件要求,宣读投标人名称、投标价格等投标文件的主要内容。

第四,记录存档。

招标人或者其委托的招标代理机构当场记录开标时间、地点、参与人、唱标内容等情况,制作开标记录,经参加开标的投标人代表签字确认后,存档备查。

25.评标有哪些法定要求?

《中华人民共和国招标投标法》第三十七条至四十四条对评标进行了明确的法律规范,概括起来,主要包含四个方面的要求。

第一,公平、公正、科学、择优。

第二,严格保密。

第三,独立评审。

第四,严格遵守评标标准和方法。

评标由招标人依法组建的评标委员会负责。与投标人有利害关系的人不得进入相关项目的评标委员会;已经进入的应当更换。评标委员会成员的名单在中标结果确定前应当保密。

招标人应当采取必要的措施,保证评标在严格保密的情况下进行。任何单位和个人不得非法干预、影响评标的过程和结果。

在确定中标人前,招标人不得与投标人就投标价格、投标方案等实质性内容进行谈判。

评标委员会成员应当客观、公正地履行职务,遵守职业道德,对所提出的评审意见承担个人责任。评标委员会成员不得私下接触投标人,不得收受投标人的财物或者其他好处。评标委员会成员和参与评标的有关工作人员不得透露对投标文件的评审和比较、中标候选人的推荐情况以及与评标有关的其他情况。

■● 26.中标后如何签订和履行书面合同？

《中华人民共和国招标投标法》第四十五条至四十八条对招标人与中标人订立和履行书面合同进行了明确的法律规范，概括起来，主要包含以下内容。

第一，中标人确定后，招标人向中标人发出中标通知书，并同时将结果通知所有未中标的投标人。中标通知书发出后，招标人改变中标结果的，或者中标人放弃中标项目的，应依法承担法律责任。

第二，中标通知书发出之日起三十日内，招标人和中标人应按招标文件和中标人的投标文件订立书面合同，并不得再行订立背离合同实质性内容的其他协议。中标人按要求提交履约保证金。

第三，自确定中标人之日起十五日内，招标人应向有关行政监督部门提交招标投标情况书面报告。

第四，中标人应按照合同约定履行义务，完成中标项目。中标项目不得向他人转让，也不得肢解后分别向他人转让。按合同约定或经招标人同意，中标人可将中标项目的部分非主体、非关键性工作分包给具备相应的资格条件的他人完成，接受分包的人不得再次分包。中标人就分包项目向招标人负责，接受分包的人就分包项目承担连带责任。

■● 27.如何确定和收取履约保证金？

履约保证金是买卖双方确保履约的一种财力担保。确定和收取履约保证金标准应该遵循以下原则。

第一,履约保证金数额要大于合同预付款数额,以规避风险。

第二,履约保证金数额要与投标保证金持平或稍高。对于技术含量高,若不能准时履约将会给采购人带来巨大损失的项目,履约保证金数额要适当提高。

第三,履约保证金数额要与合同付款条件相关联。一般来讲,两者成反比关系,分阶段付款对供应商有利时,履约保证金多收,反之少收。

28.政府采购合同包括哪些主要内容?

政府采购合同的主要内容包括:第一,产品清单及付款方式,包括产品清单及价格、招标文件附件、付款时间、延期付款情形、质保金以及罚金等;第二,交货时间及地点,包括延期交货罚金缴纳方式、因不可抗拒力所致延期的处理、送货方式、交货地点、安装调试等,交货时间一般为投标文件承诺时间;第三,包括保修条款,包括售后服务保修措施、免于保修范围等;第四,双方的权利和义务;第五,争议解决途径;第六,其他需要明确的事项。

29.对政府采购如何质疑和投诉?

《中华人民共和国政府采购法》第五十一条至五十八条对政府采购的质疑和投诉进行了明确的法律规范,概括起来,主要包含以下内容。

第一,供应商可以针对疑问问题询问采购人,采购人应及时答复,但答复内容不得涉及商业秘密。

第二,供应商认为自己权益受损的,可以在知道或者应知其权益受损之日起七个工作日内,以书面形式向采购人提出质疑。

采购人应在收到供应商的书面质疑后七个工作日内做出答复,并以书面形式通知质疑供应商和其他有关供应商,但答复内容不得涉及商业秘密。

第三,采购人委托采购代理机构采购的,供应商可向采购代理机构提出询问或者质疑,采购代理机构应在委托授权范围内做出答复。

第四,供应商对答复不满意,或者采购人、采购代理机构未在规定时间内做出答复,供应商可在答复期满后十五个工作日内向同级政府采购监督管理部门投诉。政府采购监督管理部门应在收到投诉后三十个工作日内,对投诉事项做出处理决定,并以书面形式通知投诉人和与投诉事项有关的当事人。

第五,政府采购监督管理部门在处理投诉事项期间,可视情况书面通知采购人暂停采购活动,暂停时间最长不得超过三十日。

第六,投诉人对政府采购监督管理部门的投诉处理决定不服或政府采购监督管理部门逾期未做处理的,可依法申请行政复议或者向人民法院提起行政诉讼。

30.投诉处理决定公告应当包括哪些内容?

投诉处理决定公告主要包括以下内容:第一,投诉人,包括名称、地址、法定代表人、授权代表或委托代理人等;第二,被投诉人,包括名称、地址、法定代表人、项目负责人等;第三,投诉事项,凡与招标文件、投标文件、书面合同不一致的事项,均可成为投诉内容;第四,调查核实情况,政府采购监督管理部门根据相关法律法规规定,针对投诉事项进行审查、调查,实事求是做出结论;第五,处理决定,根据调查核实情况,依法做出处理决定。

第七部分
出版物发行活动管理

一、出版物识别和发行活动规范

1. 如何识别非法图书?

一是看国际标准书号(ISBN)。2006年前(含2006年),书号共10位数字,由国别和地区代码、出版社代码、书序码、校验码四部分组成。

如:书号为 ISBN 7-01-005674-9,其计算验证方法是将前9个数码按顺序分别乘以10、9、8、7、6、5、4、3、2,将各乘积相加,总和除以11得余数,再用11减去余数所得差,即为校验码数。当校验码为10时,以X代替。上述书号按此计算总和是156,按上述计算方法计算,得出校验码为9。

2007年1月1日起,每个国际标准书号由10位增至13位。由 EAN·UCC 前缀、组区号、出版者号、出版序号、校验码五部分组成。

EAN·UCC 前缀：目前使用 978，使用 979 的时间由国际 ISBN 中心决定。

组区号：中国为 7；中国香港地区为 988 和 962；中国澳门地区为 99937；中国台湾地区为 986 和 957。

出版者号：我国的出版者号由中国标准书号管理机构设置和分配，长度为 2 至 5 位数。比如：人民出版社为 01、重庆出版社为 229、西南师范大学出版社为 5621、重庆大学出版社为 5689。

二是看特征。比如，看封面、插图和广告，黄色图书的封面大多有色情、淫秽、凶杀、暴力等刺激画面，其内部插图也往往印有色情、淫秽、恐怖、凶杀画面。看版权页的版本记录项目是否符合规定，著录是否准确、完整。看是否盗用社名，非法出版物的版本记录，往往盗用边疆省（区）出版社或已经撤销的出版社的名义，甚至编造出版单位名称。看是否标明印刷单位，合法出版物的印刷单位一般均为定点的出版物印刷厂家，非法出版物往往不标明印刷单位，或标以非出版物印刷厂甚至地下印刷厂。看发行（经销）单位是否含糊不清，如：有的非法出版物只含混注上"新华书店发行"，究竟是哪家新华书店，不明确标出。看纸质及印装质量，许多非法出版物纸张发黄发脆、手感粗糙，印刷质量低劣、版心不正、错别字多，透印、黏脏现象普遍，油墨着色时深时浅，装订质量很差，折页不正，刀花、短页、连刀页较多，订口不牢，有些书的封面与整个书瓤能分离、脱落。

三是寄往其标注的出版单位甄别。

2. 如何识别非法报刊？

一是看中国标准连续出版物号（刊号）。刊号是国家出版行政部门批准注册的出版者所出版的每一种连续出版物的代码标识。它由国际标准连续出版物号(ISSN)和国内统一连续出版物号(CN)两部分组成。《中国标准连续出版物号》标准发布之前,连续出版物使用的是"中国标准刊号",因此,习惯上称"刊号"。

中国标准连续出版物号由国际标准连续出版物号和国内统一连续出版物号两部分组成。其结构格式为:

ISSN XXXX-XXXX
CN XX-XXXX/YY

国际标准连续出版物号由前缀 ISSN 和 8 位数字组成,由 ISSN 中心负责分配。ISSN 与 8 位数字之间,有半个汉字空,8 位数字分两段,每段 4 位数字,中间用半字线"-"隔开;其中前 7 位数字为顺序号,最后一位为校验码。

校验码的计算方法:

取国际标准连续出版物号的前 7 位数分别乘以 8、7、6、5、4、3、2 后,乘积相加的和除以 11 得出余数,用 11 减去余数所得的差即为校验码。当差为 10 时,以"X"表示,余数为 0 时校验码为 0。

比如:期刊《小康》的国际标准连续出版号 ISSN 1672-4879,前 7 位数分别乘以 8、7、6、5、4、3、2 后相加和为 156,156÷11＝14……2,11－2＝9,所以该刊校验码为"9"。

国内统一连续出版物号由前缀 CN 和 6 位数字以及 1~2 位分类号组成,6 位数字由国家出版行政部门负责分配。CN 与 6 位数字之间有半个汉字空,6 位数字前 2 位与后 4 位间用半字线"-"隔开,分类号置在 6 位数字之后,用斜线"/"隔开。

CN 为中国国名代码;6 位数前 2 位为地区号,依据《中华人民共和国行政区划代码》给出;后 4 位为地区连续出版的序号,一律从 0001～9999 中给出,其中,0001～0999 为报纸的序号,1000～5999 为印刷版连续出版物的序号,6000～8999 为网络连续出版物序号,9000～9999 为有形的电子连续出版物(如光盘)的序号。

比如,《小康》的中国标准连续出版物号是:

ISSN 1672-4879
CN11-5053/Z

ISSN 1672-4879 是由 ISSN 中心分配的连续出版物代码标识;CN 11-5053/Z 中 CN 为中国国别,11 为北京市代号,5053 是其所在地为其分配的序号,Z 表示该刊的学科范畴为综合类。

二是通过权威渠道鉴别。比如,国家新闻出版广电总局网站、中国知网、扫黄打非网、中国记者网等。

三是寄往其标注的出版单位甄别。

3.如何识别非法音像制品?

第一,我国音像制品。

一是看包装和彩封。凡是简装(塑料袋加纸片包装)光盘,外包装的制作、印刷粗糙,塑料薄膜粘贴不紧,容易脱落,彩封颜色不正,字迹模糊或有双影等,即有盗版嫌疑。由于借助了新的设备,有的盗版音像制品包装和彩封已可乱真,因此还要结合其他因素去鉴别。

二是看价格。非法音像制品成本低,售价远低于正版产品。

三是看防伪标识。凡未加贴防伪标识的音像制品,都是非法音像制品。

四是看标准音像制品编码。外包装和光盘上都应有中国标准音像制品编码,否则即为非法音像制品。

五是看光盘来源识别码（SID码）。我国复制加工的激光数码储存片的内圈表面上都压制有一组SID码，SID码首先是小写英文字母(ifpi)，字母顶上有一道弧线，后三位是阿拉伯数字。SID码世界通用，凡无此码即为非法光盘。

六是看音像出版单位识别。未标明音像出版单位的音像制品一定是非法音像制品；标明非音像出版单位出版的音像制品一定是非法音像制品；编造不存在的音像出版单位出版的音像制品一定是非法音像制品；超出其出版范围的图书出版社、音像出版单位出版的音像制品也是非法音像制品。

七是寄往其标注的出版单位甄别。

第二，进口音像制品。

一是凡"打孔"、"锯口"的国外音像制成品一定是非法音像制品。

二是凡没有同时加贴"音像制品防伪标识"（进口音像制成品一律加贴A－Ⅲ号段的防伪标识）和"中国图书进出口总公司"防伪标识的国外音像制成品，一定是非法音像制品。

三是凡彩封上有"中国图书进出口总公司总经销""中国图书进出口总公司×××分公司进口""中国图书进出口×××分公司总经销"字样的进口音像制成品，一定是非法音像制品。

四是凡是进口的录像制品成品标明中国图书进出口总公司进口的，一定是非法音像制品。

4.如何识别非法电子出版物？

以下情况均为非法电子出版物：

含有禁载内容的；未经批准出版、进口的；假冒出版单位或出版物名称的；侵犯他人著作权的；无专用标准书号、刊号及条形码的;光盘无来源识别码的;中小学教材未经审定的。

5.从事出版物发行的单位和个人必须遵守哪些规定?

《出版物市场管理规定》第二十二条规定,从事出版物发行业务的单位和个人在发行活动中应当遵循公平、守法、诚实、守信的原则,依法订立供销合同,不得损害消费者的合法权益。

从事出版物发行业务的单位、个人,必须遵守下列规定:

(一)从依法取得出版物批发、零售资质的出版发行单位进货;发行进口出版物的,须从依法设立的出版物进口经营单位进货;

(二)不得超出出版行政主管部门核准的经营范围经营;

(三)不得张贴、散发、登载有法律、法规禁止内容的或者有欺诈性文字、与事实不符的征订单、广告和宣传画;

(四)不得擅自更改出版物版权页;

(五)出版物经营许可证应在经营场所明显处张挂;利用信息网络从事出版物发行业务的,应在其网站主页面或者从事经营活动的网页醒目位置公开出版物经营许可证和营业执照登载的有关信息或链接标识;

(六)不得涂改、变造、出租、出借、出售或者以其他任何形式转让出版物经营许可证和批准文件。

6.出版物发行单位年度核验(年检)如何实施?

出版物发行单位年度核验一般在每年3月底前完成。

第一,年度核验的主要内容。包括:发行单位一年来是否有违反国家法律、法规及各项发行管理规定的行为,有无被处罚记录;发行单位是否仍具备从事出版物发行业务的各项基本条件;发行单位一年来的经营状况,包括出版物发行品种、数量、销售收入、利润总额、纳税总额及库存等情况。

第二，发行单位需报送的材料。包括：年度核验登记表、年度总结（包括自查报告）、《出版物经营许可证（副本）》和《营业执照（副本）》复印件、《外商投资企业批准证书》复印件（外商投资出版物分销企业须提供）、网上年度核验填报回执等。上述有关材料一式三份，由负责年度核验的新闻出版行政管理部门、上一级新闻出版行政部门、发行单位各留存一份。

第三，暂缓年度核验的情况。包括：经核验发现有违法行为应予处罚的；正在限期停业整顿的；未按规定报送统计报表的；不能在规定时间内递交年度核验材料的；报送的核验材料经查与事实不符的；等等。暂缓年度核验的期限最长不超过6个月。暂缓年度核验的企业要进行认真整改，待问题得到解决后，写出申请，报所在地新闻出版行政管理部门审批。缓验期满，按规定重新办理年度核验。

第四，不予年度核验的情况。包括：违法行为被查处后拒不改正或者无明显整改效果的；不具备《出版物市场管理规定》中规定的资格条件的。

未通过年度核验的发行单位，不得继续从事出版物经营活动，由原审批的新闻出版行政管理部门收回其《出版物经营许可证》。不按规定参加年度核验的发行单位，省级新闻出版行政管理部门在规定的年度核验时间结束后一个月内向其送达年度核验催告函。经催告一个月内仍未参加年度核验的，由原审批的新闻出版行政管理部门注销登记。

二、违法违规发行活动处罚

● 1. 规范出版发行活动的业内法规主要有哪些?

规范出版发行活动的业内法规主要有:《中华人民共和国著作权法》《出版管理条例》《音像制品管理条例》《出版物市场管理规定》《报纸出版管理规定》《期刊出版管理规定》《音像制品出版管理规定》《电子出版物出版管理规定》《订户订购进口出版物管理办法》《音像制品进口管理办法》《出版物进口备案管理办法》等等。

● 2. 未经批准,擅自设立出版物发行单位,或者擅自从事出版物发行业务的,应受何种处罚?

《出版管理条例》第六十一条规定,未经批准,擅自设立出版物的出版、印刷或者复制、进口、发行单位,或者擅自从事出版物的出版、印刷或者复制、进口、发行业务,假冒出版单位名称或者伪造、假冒报纸、期刊名称出版出版物的,由出版行政主管部门、工商行政管理部门依照法定职权予以取缔;依照刑法关于非法经营罪的规定,依法追究刑事责任;尚不够刑事处罚的,没收出版物、违法所得和从事违法活动的专用工具、设备,违法经营额1万元以上的,并处违法经营额5倍以上10倍以下的罚款,违法经营额不足1万元的,可以处5万元以下的罚款;侵犯他人合法权益的,依法承担民事责任。

● 3. 发行违禁出版物,应受何种处罚?

《出版管理条例》第六十二条规定,发行违禁出版物,触犯刑律的,依照刑法有关规定,依法追究刑事责任;尚不够刑事处罚的,由出版行政主管部门责令限期停业整顿,没收出版物、违法所得,违法经营额 1 万元以上的,并处违法经营额 5 倍以上 10 倍以下的罚款;违法经营额不足 1 万元的,可以处 5 万元以下的罚款;情节严重的,由原发证机关吊销许可证。

4.发行侵犯他人著作权或者专有出版权的出版物,应受何种处罚?

《出版物市场管理规定》第三十三条规定,发行侵犯他人著作权或者专有出版权的出版物的,依照《中华人民共和国著作权法》和《中华人民共和国著作权法实施条例》的规定处罚。

《中华人民共和国著作权法》第四十八条规定,发行侵犯他人著作权或者专有出版权的出版物的,应当根据情况,承担停止侵害、消除影响、赔礼道歉、赔偿损失等民事责任;同时损害公共利益的,可以由著作权行政管理部门责令停止侵权行为,没收违法所得,没收、销毁侵权复制品,并可处以罚款;情节严重的,著作权行政管理部门还可以没收主要用于制作侵权复制品的材料、工具、设备等;构成犯罪的,依法追究刑事责任。

《中华人民共和国著作权法实施条例》第三十六条规定,有著作权法第四十八条所列侵权行为,同时损害社会公共利益,非法经营额 5 万元以上的,著作权行政管理部门可以处非法经营额 1 倍以上 5 倍以下的罚款;没有非法经营额或者非法经营额 5 万元以下的,著作权行政管理部门根据情节轻重,可处 25 万元以下的罚款。

■● 5.出版物发行单位未依照规定办理变更审批手续,应受何种处罚?

《出版管理条例》第六十七条规定,出版物发行单位未依照规定办理变更审批手续的,由出版行政主管部门责令改正,给予警告;情节严重的,责令限期停业整顿或者由原发证机关吊销许可证。

■● 6.被吊销出版物经营许可证,其法定代表人或主要负责人将受到何种处罚?

《出版物市场管理规定》第三十六条规定,单位、个人违反本规定被吊销出版物经营许可证的,其法定代表人或者主要负责人自许可证被吊销之日起10年内不得担任发行单位的法定代表人或者主要负责人。

■● 7.不能提供近两年出版物发行进销货清单等有关非财务票据或者清单、票据未按规定载明有关内容的,应受何种处罚?

《出版物市场管理规定》第三十七条规定,未能提供近两年的出版物发行进销货清单等有关非财务票据或者清单、票据未按规定载明有关内容的,由出版行政主管部门责令停止违法行为,予以警告,并处3万元以下罚款。

■● 8.超出新闻出版行政主管部门核准的经营范围经营,应受何种处罚?

《出版物市场管理规定》第三十七条规定,超出出版行政主管部门核准的经营范围经营的,由出版行政主管部门责令停止违法行为,予以警告,并处3万元以下罚款。

◼ 9.张贴、散发、登载有法律、法规禁止内容的或者有欺诈性文字、与事实不符的征订单、广告和宣传画,应受何种处罚?

《出版物市场管理规定》第三十七条规定,张贴、散发、登载有法律、法规禁止内容的或者有欺诈性文字、与事实不符的征订单、广告和宣传画的,由出版行政主管部门责令停止违法行为,予以警告,并处3万元以下罚款。

◼ 10.擅自更改出版物版权页,应受何种处罚?

《出版物市场管理规定》第三十七条规定,擅自更改出版物版权页的,由出版行政主管部门责令停止违法行为,予以警告,并处3万元以下罚款。

◼ 11.出版物经营许可证未在经营场所明显处张挂或者未在网页醒目位置公开出版物经营许可证和营业执照登载的有关信息或者链接标识的,应受何种处罚?

《出版物市场管理规定》第三十七条规定,出版物经营许可证未在经营场所明显处张挂或者未在网页醒目位置公开出版物经营许可证和营业执照登载的有关信息或者链接标识的,由出版行政主管部门责令停止违法行为,予以警告,并处3万元以下罚款。

◼ 12.出售、出借、出租、转让或者擅自涂改、变造出版物经营许可证,应受何种处罚?

《出版物市场管理规定》第三十七条规定,出售、出借、出租、转让或者擅自涂改、变造出版物经营许可证的,由出版行政主管部门责令停止违法行为,予以警告,并处3万元以下罚款。

13. 公开宣传、陈列、展示、征订、销售或者面向社会公众发送规定应由内部发行的出版物,应受何种处罚?

《出版物市场管理规定》第三十七条规定,公开宣传、陈列、展示、征订、销售或者面向社会公众发行规定应由内部发行的出版物的,由出版行政主管部门责令停止违法行为,予以警告,并处3万元以下罚款。

14. 委托无出版物批发、零售资质的单位或者个人销售出版物或者代理出版物销售业务,应受何种处罚?

《出版物市场管理规定》第三十七条规定,委托无出版物批发、零售资质的单位或者个人销售出版物或者代理出版物销售业务的,由出版行政主管部门责令停止违法行为,予以警告,并处3万元以下罚款。

15. 未从依法取得出版物批发、零售资质的出版发行单位进货,应受何种处罚?

《出版物市场管理规定》第三十七条规定,未从依法取得出版物批发、零售资质的出版发行单位进货的,由出版行政主管部门责令停止违法行为,予以警告,并处3万元以下罚款。

16. 提供出版物网络交易平台服务的经营者未按《出版物市场管理规定》履行有关审查及管理责任,应受何种处罚?

《出版物市场管理规定》第三十七条规定,提供出版物网络交易平台服务的经营者未按本规定履行有关审查及管理责任的,由出版行政主管部门责令停止违法行为,予以警告,并处3万元以下罚款。

■ 17.应按规定进行备案而未备案,应受何种处罚?

《出版物市场管理规定》第三十七条规定,应按本规定进行备案而未备案的,由出版行政主管部门责令停止违法行为,予以警告,并处3万元以下罚款。

■ 18.不按规定接受年度核验,应受何种处罚?

《出版物市场管理规定》第三十七条规定,不按规定接受年度核验的,由出版行政主管部门责令停止违法行为,予以警告,并处3万元以下罚款。

三、中小学教科书发行管理

■ 1.从事中小学教科书发行业务需要哪些条件?

《出版物市场管理规定》第十一条规定,单位从事中小学教科书发行业务,应取得国家新闻出版广电总局批准的中小学教科书发行资质,并在批准的区域范围内开展中小学教科书发行活动。同时具备下列条件:

(一)以出版物发行为主营业务的公司制法人;

(二)有与中小学教科书发行业务相适应的组织机构和发行人员;

(三)有能够保证中小学教科书储存质量要求的、与其经营品种和规模相适应的储运能力,在拟申请从事中小学教科书发行业务的省、自治区、直辖市、计划单列市的仓储场所面积在5000平方米以上,并有与中小学教科书发行相适应的自有物流配送体系;

（四）有与中小学教科书发行业务相适应的发行网络。在拟申请从事中小学教科书发行业务的省、自治区、直辖市、计划单列市的企业所属出版物发行网点覆盖不少于当地70%的县（市、区），且以出版物零售为主营业务，具备相应的中小学教科书储备、调剂、添货、零售及售后服务能力；

（五）具备符合行业标准的信息管理系统；

（六）具有健全的管理制度及风险防控机制和突发事件处置能力；

（七）从事出版物批发业务五年以上。最近三年内未受到出版行政主管部门行政处罚，无其他严重违法违规记录。

2.从事中小学教科书发行业务必须遵守哪些规定？

《出版物市场管理规定》第二十八条规定，从事中小学教科书发行业务，必须遵守下列规定：

（一）从事中小学教科书发行业务的单位必须具备中小学教科书发行资质；

（二）纳入政府采购范围的中小学教科书，其发行单位须按照《中华人民共和国政府采购法》的有关规定确定；

（三）按照教育行政主管部门和学校选定的中小学教科书，在规定时间内完成发行任务，确保"课前到书，人手一册"。因自然灾害等不可抗力导致中小学教科书发行受到影响的，应及时采取补救措施，并报告所在地出版行政和教育行政主管部门；

（四）不得在中小学教科书发行过程中擅自征订、搭售教学用书目录以外的出版物；

（五）不得将中小学教科书发行任务向他人转让和分包；

（六）不得涂改、倒卖、出租、出借中小学教科书发行资质证书；

（七）中小学教科书发行费率按照国家有关规定执行，不得违反规定收取发行费用；

（八）做好中小学教科书的调剂、添货、零售和售后服务等相关工作；

（九）应于发行任务完成后30个工作日内向国家新闻出版广电总局和所在地省级出版行政主管部门书面报告中小学教科书发行情况。

3.中小学教辅材料发行有哪些要求？

《新闻出版总署关于进一步加强中小学教辅材料出版发行管理的通知》（新出政发[2011]12号）规定，中小学教辅材料必须由新闻出版行政主管部门根据有关规定批准的发行企业发行，任何部门、单位和个人未经批准一律不得从事中小学教辅材料的发行活动。对未经批准擅自设立的发行站、工作站必须依法予以取缔。从事中小学教辅材料发行业务的企业必须从依法设立的出版发行单位进货，并依法签订供销合同。中小学教辅类报刊发行严格实行一报一刊一个邮发代号。严禁出版发行单位委托不具有发行资质的部门、单位和个人代理发行销售中小学教辅材料，严禁出版发行单位与教育行政主管部门、学校、老师进行地下交易和一切形式的商业贿赂行为，严禁出版发行单位在中小学教辅材料出版发行活动中违规收取费用或向中小学生和家长统一征订、搭售教辅材料。

4.中小学教辅材料质量要求有哪些？

《新闻出版总署关于进一步加强中小学教辅材料出版发行管理的通知》（新出政发[2011]12号）规定，中小学教辅材料必须符合《中华人民共和国产品质量法》《图书质量管理规定》《报纸质量管理标准(试行)》《期刊出版形式规范》《书刊印刷产品质量监督管理暂行办法》《音像制品质量技术要求》《中华人民共和国图书书名页国家标准》等有关法律法规和标准的要求,规格、开本、版式、装帧、校对等必须符合国家标准和规范要求。各级新闻出版行政主管部门要按照上述要求,加强对中小学教辅材料的质量检查。各省、自治区、直辖市新闻出版局要在每年春季和秋季,组织对本地市场上中小学教辅材料的内容质量、编校质量、印装质量进行专项检查,新闻出版总署(现国家新闻出版广电总局)每年组织一次中小学教辅材料质量抽样检查,检查结果均向社会公布。对不符合质量规定和标准的中小学教辅材料,由新闻出版行政主管部门依据有关规定,责令停止出版发行、全部召回销毁,并对有关单位给予警告处理,对问题严重的给予限期停业整顿处理或由原发证机关吊销许可证。

5.中小学教辅材料定价要求有哪些?

《新闻出版总署关于进一步加强中小学教辅材料出版发行管理的通知》(新出政发[2011]12号)规定,出版单位要严格执行国家有关价格政策,根据出版发行合理成本,按照保本微利的原则,科学确定中小学教辅材料价格,并主动向社会公示。严禁出版单位采取高定价、低折扣形式推销中小学教辅材料。严禁任何部门、单位和个人在中小学教辅材料编写、出版、印刷复制、发行等环节,以拿取回扣、索要赞助等方式违规收取费用。

6.发行单位发行未经依法审定的中学小学教科书,应受何种处罚?

《出版管理条例》第六十五条规定,发行单位发行未经依法审定的中学小学教科书,由出版行政主管部门没收出版物、违法所得,违法经营额1万元以上的,并处违法经营额5倍以上10倍以下的罚款;违法经营额不足1万元的,可以处5万元以下的罚款;情节严重的,责令限期停业整顿或者由原发证机关吊销许可证。

7.未经法定方式确定的单位从事中学小学教科书的发行业务,应受何种处罚?

《出版管理条例》第六十五条规定,未经法定方式确定的单位从事中学小学教科书的发行业务,由出版行政主管部门没收出版物、违法所得,违法经营额1万元以上的,并处违法经营额5倍以上10倍以下的罚款;违法经营额不足1万元的,可以处5万元以下的罚款;情节严重的,责令限期停业整顿或者由原发证机关吊销许可证。

四、进口出版物发行管理

1.什么是进口出版物?

《出版物进口备案管理办法》及《订户订购进口出版物管理办法》规定,进口出版物,是指由出版物进口经营单位进口的,在外国以及在中国香港特别行政区、澳门特别行政区和台湾地区出版的图书、报纸(含过期报纸)、期刊(含过期期刊)、电子出版物等。

2.什么是出版物进口经营单位?

《出版物进口备案管理办法》及《订户订购进口出版物管理

办法》的定义是,出版物进口经营单位,是指依照《出版管理条例》设立的从事出版物进口业务的单位。

3. 进口出版物是如何管理的?

《出版物进口备案管理办法》规定,出版物进口经营单位应当按照《出版管理条例》及本办法的要求,向省级以上出版行政主管部门办理进口出版物备案手续。出版物进口经营单位提供备案材料不齐备或不真实的,不予备案。

进口音像制品(成品)及电子出版物(成品),出版物进口经营单位应当按照《音像制品进口管理办法》《电子出版物出版管理规定》的要求,履行相应进口审批手续。出版物进口经营单位应当向海关交验批准文件,海关按规定办理报关验放手续,没有批准文件海关不予放行。

进口报纸、期刊,出版物进口经营单位应当按照《订户订购进口出版物管理办法》的要求,履行相应进口审批手续。出版物进口经营单位应当向海关交验批准文件,海关按规定办理报关验放手续,没有批准文件海关不予放行。

通过信息网络进口到境内的境外数字文献数据库,必须由国务院出版行政主管部门批准的有境外数字文献数据库网络进口资质的出版物进口经营单位进口。出版物进口经营单位办理境外数字文献数据库进口时,应当严格按照《出版管理条例》《音像制品管理条例》《订户订购进口出版物管理办法》等法规规章及相关规定,对其进口的境外数字文献数据库进行内容审查(含进口前内容审查和进口后更新内容审查),分类办理数字文献数据库进口备案、审批手续。

出版物进口经营单位应当对实际进口出版物进行内容审查

并每月定期向国家新闻出版广电总局提交审读报告。

▌4.进口图书备案申请包括哪些信息？

《出版物进口备案管理办法》规定,进口图书的,出版物进口经营单位应当于进口前向省级以上出版行政主管部门申请办理进口备案手续。申请备案时,需提交备案申请和出版物进口经营单位出具的审查意见,备案申请包括以下信息：

(一)图书名称；

(二)出版机构；

(三)进口来源国家(地区)；

(四)作者；

(五)国际标准出版代码(ISBN)；

(六)语种；

(七)数量；

(八)类别；

(九)进口口岸；

(十)订购方；

(十一)需要提交的其他材料。

▌5.进口音像制品(成品)及电子出版物(成品)备案申请包括哪些信息？

《出版物进口备案管理办法》规定,出版物进口经营单位进口音像制品(成品)及电子出版物(成品)后15个工作日内报国家新闻出版广电总局备案。报送备案时,需按音像制品(成品)及电子出版物(成品)的实际进口情况提交以下信息：

(一)名称；

(二)出版机构；

（三）进口来源国家（地区）；

（四）国际标准音像制品编码（ISRC）或电子出版物编码等；

（五）语种；

（六）数量；

（七）类别；

（八）进口口岸；

（九）载体形式；

（十）进口通关放行日期；

（十一）进口批准文号；

（十二）订购方；

（十三）需要提交的其他材料。

6.进口报纸、期刊备案申请包括哪些信息？

《出版物进口备案管理办法》规定，出版物进口经营单位进口报纸、期刊后，每季度报国家新闻出版广电总局备案，同时抄送所在地省、自治区、直辖市出版行政主管部门。报送备案时，需按照实际进口情况提交以下信息：

（一）报刊名称；

（二）出版机构；

（三）进口来源国家（地区）；

（四）国际标准连续出版物号（ISSN）；

（五）语种；

（六）数量；

（七）类别；

（八）进口口岸；

（九）刊期；

（十）进口通关放行日期；

（十一）订户；

（十二）需要提交的其他材料。

7.进口境外数字文献数据库备案申请包括哪些信息？

《出版物进口备案管理办法》规定，出版物进口经营单位进口境外数字文献数据库后，于每个自然年年末报国家新闻出版广电总局备案。报送备案时，需按境外数字文献数据库实际进口信息提供以下材料：

（一）名称；

（二）境外供应商；

（三）进口来源国家（地区）；

（四）语种；

（五）用户数量；

（六）类别；

（七）开通时间；

（八）当前合同起止年月；

（九）进口金额；

（十）国内订购单位；

（十一）动态监管人员；

（十二）监管设施的IP地址；

（十三）监管方式；

（十四）需要提交的其他材料。

8.出版物进口经营单位未履行审读责任将受到何种处罚？

《出版物进口备案管理办法》规定，出版物进口经营单位未履行审读责任，进口含有《出版管理条例》第二十五条、第二十六条禁止内容的,根据《出版管理条例》第六十二条的规定,由省级以上出版行政主管部门责令停止违法行为,没收出版物、违法所得,违法经营额 1 万元以上的,并处违法经营额 5 倍以上 10 倍以下的罚款;违法经营额不足 1 万元的,可以处 5 万元以下的罚款;情节严重的,责令限期停业整顿或者由原发证机关吊销许可证。

9.出版物进口经营单位备案时提交的材料不齐备、不真实或违反《出版物进口备案管理办法》其他规定将受到何种处罚?

《出版物进口备案管理办法》规定,出版物进口经营单位备案时提交的材料不齐备、不真实或违反本办法其他规定的,由省级以上出版行政主管部门责令停止进口行为,并给予警告;情节严重的,处 3 万元以下罚款。

10.进口出版物发行管理中的订户指的是什么?

《订户订购进口出版物管理办法》规定,订户是指通过出版物进口经营单位订购进口出版物的国内单位和个人、在华外国机构、外商投资企业和在华长期工作、学习、生活的外籍人士以及港、澳、台人士。

11.进口出版物发行管理中的订购指的是什么?

《订户订购进口出版物管理办法》规定,订购是指订户为满足本单位或者本人的阅读需求,向出版物进口经营单位预订购买进口出版物。

12.进口出版物如何分类管理?

《订户订购进口出版物管理办法》规定,进口出版物分为限定发行范围的进口出版物和非限定发行范围的进口出版物两类，国家对其发行实行分类管理。

进口限定发行范围的报纸、期刊、图书、电子出版物等实行订户订购、分类供应的发行方式；非限定发行范围的进口报纸、期刊实行自愿订户订购和市场销售相结合的发行方式；非限定发行范围的进口图书、电子出版物等实行市场销售的发行方式。

13.限定发行范围的进口出版物如何发行？

《订户订购进口出版物管理办法》规定，订户订购限定发行范围的进口报纸、期刊、图书、电子出版物的业务，须由新闻出版总署（现国家新闻出版广电总局，下同）指定的出版物进口经营单位经营。

未经新闻出版总署批准，任何单位和个人不得从事订户订购进口出版物的经营活动。

出版物进口经营单位委托非出版物进口经营单位代理征订或者代理配送进口出版物，须事先报新闻出版总署同意。

14.订户订购非限定发行范围的进口报纸、期刊应如何办理？

《订户订购进口出版物管理办法》规定，国内单位订户订购非限定发行范围的进口报纸、期刊，持单位订购申请书，直接到新闻出版总署（现国家新闻出版广电总局）批准的报纸、期刊进口经营单位办理订购手续。国内个人订户应通过所在单位办理订购手续。

15.订户订购限定发行范围的进口报纸、期刊、图书、电子出版物等应如何办理？

《订户订购进口出版物管理办法》规定，国内单位订户订购限定发行范围的进口报纸、期刊、图书、电子出版物等，中央单位订户由所属中央各部委审批；地方单位订户经所在地省、自治区、直辖市新闻出版行政部门审核后报送同级党委宣传部审批。获得批准的订户持单位订购申请书和有关批准文件,到新闻出版总署(现国家新闻出版广电总局)指定的出版物进口经营单位办理订购手续。

16. 在华外国机构、外商投资企业和在华长期工作、学习、生活的外籍人士和港、澳、台人士订购进口报纸、期刊,应如何办理?

《订户订购进口出版物管理办法》规定,在华外国机构、外商投资企业和在华长期工作、学习、生活的外籍人士和港、澳、台人士订购进口报纸、期刊,应持单位订购申请书或者本人身份证明,到新闻出版总署(现国家新闻出版广电总局)批准或者指定的报纸、期刊进口经营单位办理订购手续。

17. 订购限定发行范围的进口报纸、期刊、图书、电子出版物的订户如何审核?

《订户订购进口出版物管理办法》规定,出版物进口经营单位负责对订购限定发行范围的进口报纸、期刊、图书、电子出版物的订户进行审核,并将审核后的订户名单、拟订购进口报纸、期刊、图书、电子出版物的品种和数量报送新闻出版总署(现国家新闻出版广电总局)批准。出版物进口经营单位依照批准后的订户名单及进口报纸、期刊、图书、电子出版物的品种和数量供应订户。

18. 未经批准,擅自从事进口出版物的订户订购业务,应受何种处罚?

《订户订购进口出版物管理办法》规定,未经批准,擅自从事进口出版物的订户订购业务,按照《出版管理条例》第六十一条处罚:"由出版行政主管部门、工商行政管理部门依照法定职权予以取缔;依照刑法关于非法经营罪的规定,依法追究刑事责任;尚不够刑事处罚的,没收出版物、违法所得和从事违法活动的专用工具、设备,违法经营额1万元以上的,并处违法经营额5倍以上10倍以下的罚款,违法经营额不足1万元的,可以处5万元以下的罚款;侵犯他人合法权益的,依法承担民事责任。"

第八部分
国内、国际书展

■● 1.全国图书交易博览会

全国图书交易博览会,原名全国书市,创始于 1980 年。2006 年,被列入《国家"十一五"时期文化发展规划纲要》,并更名为"全国图书交易博览会"。2007 年,在重庆市举办第十七届,正式使用"全国图书交易博览会"新名。

全国图书交易博览会是我国图书业界三大盛会(其他两个为北京图书订货会、北京国际图书博览会)之一。至 2017 年,全国图书交易博览会已成功举办 27 届,并由最初单一的图书交易活动,发展为融出版物展销、信息交流、行业研讨和倡导全民阅读等功能为一体的文化盛事。每一届图书交易博览会的成功举办,都是对出版界最新成果的检阅,对中国出版业繁荣发展的促进。对于举办城市的经济、社会发展都会产生积极的影响。

■● 2.北京国际图书博览会

北京国际图书博览会(Beijing International Book Fair),简称"图博会"或"BIBF",1986 年经国务院批准创办,每两年举办一次，2002年开始改为一年一届，一般8月或9月在中国首都北京举行，为期一周，是展示中文图书规模最大的国际性书展。博览会由国家新闻出版广电总局、国务院新闻办公室、教育部、科技部、文化部、北京市人民政府、中国出版协会、中国作家协会等主办，国内500多家出版单位及来自英、法、美、日等70多个国家和地区的2000多家中外出版机构参展，参观人数约20万人次。

北京国际图书博览会的宗旨是"把世界优秀图书引进中国，让中国图书走向世界，以促进国际科技文化交流，增强各国人民的相互了解和友谊，扩大中外合作出版和版权贸易，发展图书进出口贸易"。

3.北京图书订货会

北京图书订货会创办于1987年，一般在每年元旦后举办。2014年起，北京图书订货会改由中国出版协会和中国书刊发行业协会主管主办，以对接国际会展制度。

北京图书订货会本着为行业服务、为会员单位服务、为基层服务、为读者服务的原则，通过丰富多彩的展订活动，为全国各图书、音像、电子与网络、期刊出版单位，各出版物发行单位和广大读者提供六大服务：一是图书、音像制品、电子与网络出版物及期刊出版成果现场展示和看样订货；二是图书馆看样采购；三是图书行业高峰论坛；四是书稿版权交易；五是评书荐书活动，业务研究交流等活动；六是面向普通读者开设零售与淘宝旧书专区，既满足图书出版商、经销商清库愿望，也方便读者低折扣淘购旧书。

4.上海书展暨"书香中国"上海周

上海书展暨"书香中国"上海周由国家新闻出版广电总局、

上海市人民政府指导,中共上海市委宣传部和上海市新闻出版局主办,上海市静安区人民政府和上海展览中心协办。每年8月举办,为期一周。上海书展暨"书香中国"上海周以"我爱读书,我爱生活"为主题,秉承"立足上海,服务全国,服务读者"的理念,从一个区域性的地方书展,逐渐发展为一个全国性的重要文化盛会,也成为全国知名的文化品牌和全民阅读活动示范平台。

多年来,上海书展不断探索创新、追求卓越,致力于推动城市阅读,逐步成为面向广大读者,以零售为主,涵盖出版物展销、图书订货团购、出版产业信息发布、高峰论坛、新品首发、作品研讨和阅读推广等的多功能综合性文化活动。2017年,参展出版单位500多家,参展图书约15万余种,文化活动600余项,参加活动的嘉宾、作者、学者和文化名人近千位。上海书展暨"书香中国"上海周以其独特的定位、丰富的精品力作、浓郁的文化气息,每年吸引超过30万市民读者热情参与,成为老百姓的阅读嘉年华,读书人的文化黄金周。

5.香港书展

香港书展创办于1990年,由香港贸易发展局主办,每年7月在香港会议展览中心举行,是香港每年夏天的一项文化盛事,也是亚洲最为大型的书展之一。香港书展以现场售书为主,每年都会与多家出版社与专业机构合作,确定一个独特主题,并围绕主题举办各项活动,为出版界推广新书提供平台,为读者接触新书和与作者见面提供机会。

6.法兰克福图书博览会

法兰克福图书博览会即法兰克福书展(Frankfurt Book

Fair），是德国举办的国际性图书展览，是世界上规模最大、最享盛誉的书展，被誉为"世界出版人的奥运会""世界文化风向标"。法兰克福书展1949年由德国书业协会创办，德国书商及出版商协会的子公司法兰克福书展会展公司筹办，每年10月第一个星期三至第二个星期一在法兰克福举行，为期6天，主要为来自世界各国的出版商、代理商以及图书馆人员提供洽谈版权交易、出版业务、展书订书的平台。

书展的主要功能是推进版权贸易。既有出版机构的版权负责人前来洽谈、购买国外版或翻译版版权，也有大批文学代理人寻找海外出版公司。每年，会有100多个国家、7000多家出版商和书商、30多万个新品种参加法兰克福书展。参展人员包括出版商、书商、版权经理人、图书批发商、新闻杂志业者、文稿代理商与文探、作者、图书管理员与案卷保管人、印刷制造商、大学与研究协会等。数据显示，书展达成的版权交易占世界全年版权交易总量的75%以上。此外，每届书展正式开展前一天的下午两点，固定举办"国际版权经理大会"，以深入探讨版权贸易中的有关问题。

从1988年开始，书展每年会邀请一个国家作为主宾国。主宾国成为每届博览会人们关注的焦点，也是书展的最大亮点。一旦成为主宾国，书展主办方便会花一年的时间在德国及书展上全力推广该国的文化和历史，以增强该国在德国及欧洲的影响力。2009年，中国成为第61届法兰克福书展主宾国。此次书展中，中国以"让世界品味中国书香，让中国领略世界风采"为创意主题，图书版权贸易输出达2417项。随后两年，中国出版界连续在这一国际最大书展上版权输出超过2000项。

7.伦敦书展

伦敦书展（London Book Fair，简称 LBF），是最重要的国际图书展之一，也是欧洲春季最重要的出版界盛会。伦敦书展每年举办一届，为期3天，展出图书品种繁多，各种与图书贸易有关的服务应有尽有。

伦敦国际书展属于版权交易型博览会，众多业内人士称其为版权交易最重要的春季国际书展，是各国出版商进行版权洽谈的重要活动场所。展览以业内人士为主，既有资深人士主持的专题讲座，也有多种学术交流活动，既是行业人士商务往来、相互交流、招揽业务的平台，也为学习新技术提供绝佳机会。此外，伦敦书展还单独设立 Remainders（库存图书）展区收集库存图书，以批量形式销售给目标客户，并代销一些出版社的畅销图书，同时，书展也为印刷商、装订商、运输商提供专门的展区。

近年来，随着世界著名展览组织者——里德展览公司（Reed Exhibitions）的加盟，伦敦书展整体组织工作更为高效合理，从展位预订、展区划分、展位设定到海外参与者的网上注册、资料寄送，再到展出中宣传品分发、展商情况咨询等，所有的程序都有条不紊，国际影响日益扩大。

8.博罗尼亚国际儿童图书展

意大利博洛尼亚国际儿童图书展（Bologna Children's Book Fair），始创于1964年，是世界少儿图书和多媒体行业中最为重要的展会之一，也是世界上规模最大的儿童图书博览会。书展每年4月在博洛尼亚举行，为期4天，只展出儿童图书，不对公众开放。每届展会都会吸引来自世界各地的图书作者、插图作者、专业代理人、许可人、被许可人、节目制作人、印刷商、分销商、书商、图书管理员等众多专业人士参加。展会的主要功能是进行版权交易,挖掘少儿图书及多媒体行业中最为出色的新品力作。

博洛尼亚书展作为最大的儿童书展,每年展出的童书极为丰富多样。有婴幼儿启蒙的教育书,也有丰富多彩、主题各异的儿童绘本,还有适合青少年阅读的文学读物;有校园、青春、玄幻、科幻等各类故事书,也有上至天文,下至地理以及动物百科的科普读物;有小到40开的漫画书,也有大到8开的童话故事书;有传统的儿童图书,也有玩具书、布书、立体书、有声书、触摸书、游戏书、壁挂书等形式新奇、充满乐趣的新兴产品。

书展另一个重头戏,就是颁发著名的"博洛尼亚国际儿童书展最佳童书奖"(Bologna Ragazzi Award),该奖项受到全球儿童图书出版界瞩目,奖项的评选以创意、教育价值、艺术设计为标准,分小说、非小说、少年三类评选,获奖图书都被冠以优质图书标章。

9.莫斯科国际图书博览会

莫斯科国际图书博览会于1977年创办,迄今已经有四十年的历史,每年9月在莫斯科举办,为期一周。莫斯科国际图书博览会是原苏联时期创办的国际性图书博览会,最早的组织者是苏联国家出版、印刷与图书发行委员会、苏联版权局和苏联国际图书公司。苏联解体后,莫斯科国际图书博览会仍继续举办,有人将其简称为俄罗斯书展,是俄罗斯规模最大、最具代表性的图书展。

莫斯科国际图书博览会是一个非常专业的盛会,是国际图书行业的一个重要的组成部分,为全球的业内人士所普遍认可和肯定。莫斯科国际图书博览会旨在支持与推动俄罗斯乃至东欧的图书市场发展，并借此与国际出版市场建立紧密的业务联系，为全方位的交流与合作创造良好契机。每届书展期间，组委会不但会安排极其多元的展品参展，还会安排各项专题会议、展览、座谈会、文艺沙龙、美食秀等丰富多彩的活动。

10.美国书展

美国书展（Book Exposition of American 简称 BEA），原名美国书商协会会议与贸易展销会，即 ABA 书展，1996 年更名为美国书展，是美国图书界最为盛大的一项活动，同时也是全球最重要的版权贸易盛会之一，以及全世界规模最大的英文书籍展示活动。书展由美国书商联合会及美国出版商联合会主办，励展展览集团承办，于每年五六月份召开，地点不定，为期 3 天，年交易额超过 250 亿美元。

BEA 原为美国出版社针对全美书商的一项采购性书展，后逐渐发展为所有英语国家共同参与，进而演变成具有版权洽购及图书订购双重功能，向与会者提供洞悉美国图书出版市场全貌，了解全球图书出版行业发展趋势的机会的盛会。每年，加拿大、英国、日本、澳大利亚、德国、荷兰、韩国、巴西等超过 80 个国家和地区的出版界人士云集于此，进行业务交流与合作。

美国书展主要以图书类别区分，比如电脑与科技出版区、儿童读物区、电子书区、工具书区、漫画书区、艺术及文物区等等。书展期间，安排有论文发表会、座谈会、同业聚会等各种专题会议、专题展览、文艺沙龙、颁奖典礼等活动。同时，每天一个主题，如书商日、独立出版日、作家日等。此外，书展期间还颁发众多奖项，比如，编辑最高奖——柯蒂斯·本杰明奖、最佳书商奖——查尔斯·S.哈斯兰姆奖、最佳新书商奖——法拉·斯特罗斯和吉罗克斯新书商奖、年度最佳业内新人奖等等。

● 11.澳大利亚国际图书博览会

澳大利亚国际图书博览会始于1999年,每年在悉尼举办一届,是亚太地区的一个版权贸易型书展,侧重澳大利亚本土出版物。历届澳大利亚国际图书博览会都会吸引来自澳大利亚本土、日本、新加坡、马来西亚、美国、加拿大、意大利、英国、法国、中国等诸多国家与地区的参观者,为世界各地出版商、图书销售商寻求合作创造良好机会。书展期间,澳大利亚与国际图书出版商、供应商进行谈判、贸易、网络服务、电子商务等交流。通过该博览会,可了解亚太地区出版业动态。

展览期间,还组织开展以数据库、书店软件、出版发行状况等为主要内容的研讨会,举行图书设计奖、澳大利亚教育出版优秀奖等奖项颁奖仪式。

● 12.莱比锡书展

德国莱比锡书展(Leipziger Buchmesse)历史悠久,可追溯至17世纪。甚至可以说,近代国际书展就是发源于德国莱比锡书展。

莱比锡书展独具特色。教育类图书、青少年文学、视听读物和面向儿童的幽默漫画读物是书展的拳头产品,享有特殊的地位。书展特别重视鼓励和培养青少年阅读行为,及时对青少年的需求做出反应。书展也是全德视听图书展示最集中的地方,有效为制作人、营销员与消费者之间的公开交流营造环境。同时,书展还同期举行莱比锡古旧图书博览会,数十家旧书店带着各自的珍藏参展,别具价值的图书和印刷品成为焦点,图书手稿、亲笔签名、过去大师们的作品是收藏家的主要目标。

书展期间颁发奖项众多,包括促进欧洲和解事业书本奖、欧洲公认的著名图书奖——德国图书奖(终生成就奖、最佳纯文学奖、最佳非虚构类作品奖、最受读者欢迎的作家奖等)、出版业与文学作品方面的 Kurt Wolff 奖、视听图书奖以及图书业界最佳宣传推销与公共关系方面的奖项——图书市场奖等等。

13. 首尔国际书展

首尔国际书展(SIBF)是韩国规模最大的图书展览会,每年五六月份在韩国首尔举办。首尔书展原为韩国国内图书展,1995 年试办国际书展,沿用展名首尔书展(Seoul Book Fair),1996 年正式更名为首尔国际书展(Seoul International Book Fair)。书展在韩国文化旅游部和韩国书商联盟协会支持下,由韩国出版协会(Korean Publishers Association)、韩国文化广播公司(Munhwa Broadcasting Corporation)、韩国展览中心(COEX)联合举办。

每年首尔国际书展期间,都有来自中国、印度、越南和马来西亚等 20 个左右的国家和地区的出版单位参展,展出图书、期刊、电子出版物等上万个品种。书展期间贸易活动以版权贸易为主。展会现场的活动包括出售和购买版权、建立新的合作关系、开发新的业务机会、了解行业内最新的发展趋势、发现优质力作新品等等。

14. 开罗国际图书博览会

开罗国际图书博览会是埃及举办的国际性图书博览会,创始于 1969 年,由埃及文化部图书总局负责主办,埃及图书总会负责组织实施,每年 1 月下旬至 2 月初在开罗举行,为期 14 天,是宣传埃及政治、经济和文化的重要窗口,也是展示阿拉伯文图书的重要活动。

开罗国际图书博览会展出各种类型的图书,来自非洲各国的书商可以选购,同时,也对一般公众销售。埃及对这项国际文化交流活动非常重视。我国自1979年第11届书展开始,每年派团参加。

■● 15.巴黎图书沙龙

巴黎图书沙龙,是法国举办的国际性图书展览会,始于1981年,每年3月底在法国巴黎举行,为期4至5天,是欧洲规模最大的公众文化活动之一,也是国际图书和出版领域的重要书展之一。

巴黎图书博览会展出面积超过1.5万平方米,展出各种类型的图书。来自世界各国的书商可在书展上选购图书,一般公众也可购买图书。

■● 16.东京国际图书博览会

东京国际书展(TIBF),每年4月在日本东京举行,是全球出版界、书商、情报行业者群英荟萃之盛会,为来自世界各地的出版业界人士进入日本出版市场创造机遇。随着出版技术应用范围的不断拓展,东京国际书展的规模越来越大,近年来,每年都有超过25个国家和地区的近600家出版社、书商以及与出版相关联的企业前来参展。日本本土颇具出版实力的出版社和企业,如讲谈社、小学馆、大日本绘画、大日本印刷、读卖新闻、文艺春秋社等,都在博览会上各显神通,推出各自的强项产品系列图书。

附件 1

《中国图书馆分类法》(第五版)简表

部类	一级类目	二级类目
一、马克思主义、列宁主义、毛泽东思想	A 马克思主义、列宁主义、毛泽东思想、邓小平理论	A1 马克思、恩格斯著作
		A2 列宁著作
		A3 斯大林著作
		A4 毛泽东著作
		A49 邓小平著作
		A5 马克思、恩格斯、列宁、斯大林、毛泽东、邓小平著作汇编
		A7 马克思、恩格斯、列宁、斯大林、毛泽东、邓小平生平和传记
		A8 马克思主义、列宁主义、毛泽东思想、邓小平理论的学习和研究

续表

部类	一级类目	二级类目
二、哲学	B 哲学、宗教	B0 哲学理论
		B1 世界哲学
		B2 中国哲学
		B3 亚洲哲学
		B4 非洲哲学
		B5 欧洲哲学
		B6 大洋洲哲学
		B7 美洲哲学
		B80 思维科学
		B81 逻辑学（论理学）
		B82 伦理学（道德哲学）
		B83 美学
		B84 心理学
		B9 宗教
三、社会科学	C 社会科学总论	C0 社会科学理论与方法论
		C1 社会科学概况、现状、进展
		C2 社会科学机构、团体、会议
		C3 社会科学研究方法
		C4 社会科学教育与普及
		C5 社会科学丛书、文集、连续性出版物
		C6 社会科学参考工具书
		[C7]社会科学文献检索工具书
		C79 非书资料、视听资料
		C8 统计学
		C91 社会学
		C92 人口学
		C93 管理学
		[C94] 系统科学
		C95 民族学、文化人类学
		C96 人才学
		C97 劳动科学

续表

部类	一级类目	二级类目
三、社会科学	D 政治、法律	D0 政治学、政治理论
		D1 国际共产主义运动
		D2 中国共产党
		D33/37 各国共产党
		D4 工人、农民、青年、妇女运动与组织
		D5 世界政治
		D6 中国政治
		D73/77 各国政治
		D8 外交、国际关系
		D9 法律
		DF 法律
	E 军事	E0 军事理论
		E1 世界军事
		E2 中国军事
		E3/7 各国军事
		E8 战略学、战役学、战术学
		E9 军事技术
		E99 军事地形学、军事地理学
	F 经济	F0 经济学
		F1 世界各国经济概况、经济史、经济地理
		F2 经济管理
		F3 农业经济
		F4 工业经济
		F49 信息产业经济
		F5 交通运输经济
		F59 旅游经济
		F6 邮电通信经济
		F7 贸易经济
		F8 财政、金融

续表

部类	一级类目	二级类目
三、社会科学	G 文化、科学、教育、体育	G0 文化理论
		G1 世界各国文化与文化事业
		G2 信息与知识传播
		G3 科学、科学研究
		G4 教育
		G8 体育
	H 语言、文字	H0 语言学
		H1 汉语
		H2 中国少数民族语言
		H3 常用外国语
		H4 汉藏语系
		H5 阿尔泰语系(突厥—蒙古—通古斯语系)
		H61 南亚语系(澳斯特罗—亚细亚语系)
		H62 南印语系(达罗毗荼语系、德拉维达语系)
		H63 南岛语系(马来亚—玻里尼西亚语系)
		H64 东北亚诸语言
		H65 高加索语系(伊比利亚—高加索语系)
		H66 乌拉尔语系(芬兰—乌戈尔语系)
		H67 闪—含语系(阿非罗—亚细亚语系)
		H7 印欧语系
		H81 非洲诸语言
		H83 美洲诸语言
		H84 大洋洲诸语言
		H9 国际辅助语
	I 文学	I0 文学理论
		I1 世界文学
		I2 中国文学
		I3/7 各国文学

续表

部类	一级类目	二级类目
三、社会科学	J 艺术	J0 艺术理论
		J1 世界各国艺术概况
		J19 专题艺术与现代边缘艺术
		J2 绘画
		J29 书法、篆刻
		J3 雕塑
		J4 摄影艺术
		J5 工艺美术
		[J59] 建筑艺术
		J6 音乐
		J7 舞蹈
		J8 戏剧、曲艺、杂技艺术
		J9 电影、电视艺术
	K 历史、地理	K0 史学理论
		K1 世界史
		K2 中国史
		K3 亚洲史
		K4 非洲史
		K5 欧洲史
		K6 大洋洲史
		K7 美洲史
		K81 传记
		K85 文物考古
		K89 风俗习惯
		K9 地理

续表

部类	一级类目	二级类目
四、自然科学	N 自然科学总论	N0 自然科学理论与方法论
		N1 自然科学概况、现状、进展
		N2 自然科学机关、团体、会议
		N3 自然科学研究方法
		N4 自然科学教育与普及
		N5 自然科学丛书、文集、连续性出版物
		N6 自然科学参考工具书
		[N7] 自然科学文献检索工具
		N79 非书资料、视听资料
		N8 自然科学调查、考察
		N91 自然研究、自然历史
		N93 非线性科学
		N94 系统科学
		[N99] 情报学、情报工作
	O 数理科学和化学	O1 数学
		O3 力学
		O4 物理学
		O6 化学
		O7 晶体学
	P 天文学、地球科学	P1 天文学
		P2 测绘学
		P3 地球物理学
		P4 大气科学(气象学)
		P5 地质学
		P7 海洋学
		P9 自然地理学

续表

部类	一级类目	二级类目
四、自然科学	Q 生物科学	Q1 普通生物学
		Q2 细胞生物学
		Q3 遗传学
		Q4 生理学
		Q5 生物化学
		Q6 生物物理学
		Q7 分子生物学
		Q81 生物工程学(生物技术)
		[Q89] 环境生物学
		Q91 古生物学
		Q93 微生物学
		Q94 植物学
		Q95 动物学
		Q96 昆虫学
		Q98 人类学
	R 医药、卫生	R1 预防医学、卫生学
		R2 中国医学
		R3 基础医学
		R4 临床医学
		R5 内科学
		R6 外科学
		R71 妇产科学
		R72 儿科学
		R73 肿瘤学
		R74 神经病学与精神病学
		R75 皮肤病学与性病学
		R76 耳鼻咽喉科学
		R77 眼科学
		R78 口腔科学
		R79 外国民族医学
		R8 特种医学
		R9 药学

续表

部类	一级类目	二级类目
四、自然科学	S 农业科学	S1 农业基础科学
		S2 农业工程
		S3 农学（农艺学）
		S4 植物保护
		S5 农作物
		S6 园艺
		S7 林业
		S8 畜牧、动物医学、狩猎、蚕、蜂
		S9 水产、渔业
	T 工业技术	TB 一般工业技术
		TD 矿业工程
		TE 石油、天然气工业
		TF 冶金工业
		TG 金属学与金属工艺
		TH 机械、仪表工业
		TJ 武器工业
		TK 能源与动力工程
		TL 原子能技术
		TM 电工技术
		TN 电子技术、通信技术
		TP 自动化技术、计算机技术
		TQ 化学工业
		TS 轻工业、手工业、生活服务业
		TU 建筑科学
		TV 水利工程
	U 交通运输	U1 综合运输
		U2 铁路运输
		U4 公路运输
		U6 水路运输
		[U8] 航空运输

续表

部类	一级类目	二级类目
四、自然科学	V 航空、航天	V1 航空、航天技术的研究与探索
		V2 航空
		V4 航天（宇宙航行）
		[V7] 航空、航天医学
	X 环境科学、安全科学	X1 环境科学基础理论
		X2 社会与环境
		X3 环境保护管理
		X4 灾害及其防治
		X5 环境污染及其防治
		X7 行业污染、废物处理与综合利用
		X8 环境质量评价与环境监测
		X9 安全科学
五、综合性图书	Z 综合性图书	Z1 丛书
		Z2 百科全书、类书
		Z3 辞典
		Z4 论文集、全集、选集、杂著
		Z5 年鉴、年刊
		Z6 期刊、连续性出版物
		Z8 图书报刊目录、文摘、索引

后记

"新闻出版实用知识丛书"是重庆市出版工作者协会组织重庆新闻出版业界的专家和资深从业人员共同编写的一套以介绍新闻出版业基本知识为主的实用性丛书,丛书编委会主任由重庆市出版工作者协会主席缪超群同志担任。该丛书按报刊出版、图书出版、音像电子出版、出版物印刷、出版物发行、著作权与版权贸易、数字出版七大类分册,逐一梳理和介绍新闻出版业的基本知识、基本技能和服务指南,其核心在于实用,旨在使从业人员或希望了解新闻出版业的人士一读就懂,一学就会,学以致用,学而能用。

参加《出版物发行》一书编写的有多年从事出版物发行工作的一线发行人员、业内专家和多年从事出版物发行管理的工作人员,他们主要有徐登权、王传霞、张忠明、严孝兵、方林江、陈果、万念平、张锐、龚小嘉等。此外,杨恩芳、郭翔、缪超群、谢宾、刘春卉等领导和专家在组织策划、统稿、审读书稿过程中,对编写体例、内容修改完善等方面提出了许多宝贵的建议。重庆市文化委、重庆新华书店集团、西南师范大学出版社、重庆五洲世纪文化产业投资集团有关人员均对本书的出版做出了指导。对以上单位和个人对于本书的关心和帮助,在此表示衷心感谢。

希望本书的出版能有助于新闻出版从业人员专业素养的提高,有助于新闻出版企事业单位人才队伍的建设,有助于新闻出版管理部门加强对行业的监管。在编写过程中,因知识水平有限,难免有不尽如人意之处,请读者不吝指正。

编者
2017 年 7 月